아픈 사랑의 이유를 너에게서 찾지 마라

강석빈

책을 펴내며

나는 왜 사랑하면 아플까?

누구나 한 번쯤은 사랑에 아파하는 순간이 있다. 그토록 믿었던 사람이 나의 기대를 저버리거나, 영영 올 것 같지 않았던 이별의 그림자가 선뜻 내 앞으로 다가올 때. 우리는 모두 저마다의 통증을 호소하며 사랑 앞에 주저앉고 만다.

그러나 그리 억울할 일도 아니다. 넘어져 본 사람만이 다시 일어설 방법을 알 수 있듯, 사랑에 많이 아파 본 사람만이 사랑의 아픔에 제대로 대처하는 법을 알게 된다.

연애에 관한 콘텐츠를 다루기 시작한 이후로 하루에도 수십 통씩 가슴 아픈 사랑을 하고 있다는 사람들이 사연을 보내온다. 사연의 내용을 모두 밝힐 수는 없지만, 나의 도움을 필요로 하는 독자들이 내게 하는 질문은 늘 하나다.

"어떻게 해야 더이상 사랑에 아파하지 않을 수 있을까요?"

물론 나의 대답도 늘 하나다.

"조금 더 본인 삶에 집중해 보세요."

대단한 비책이라도 기대하고 사연을 보낸 독자들은 다소 실망할 수도 있겠지만 언제나 내가 바라보는 아픔의 본질은 이것이다. 누군가를 너무 사랑한 나머지 본인의 삶은 뒷전으로 둔 채 사랑에만 의지하는 것. 그럴 때 행복은 어느새 가슴 아픈 사랑으로 변질해 버리고 만다. 누구를 만나 어떤 사랑을 하건 우리는 늘 우리 삶에 집중하고 있어야 한다. 그것이 아픔으로부터 나의 사랑을 지키는 유일한 방법이다.

시간이 모든 걸 해결해 줄 것이라는 틀에 박힌 이야기는 하고 싶지 않다. 다만 그 과정에서 나 자신을 필요 이상으로 괴롭히거나 비난을 하는 일은 없어야 할 것이다. 잘못된 부분이 있다면 잘못된 부분만 다듬어야 한다. 일부 때문에 전체를 부정해서는 안 된다. 내가 못나서도 내가 모자라서도 아니다. 우리는 그저 아픔을 통해 아픈 사랑에 대처하는 법을 배워나가는 중이다.

이 책은 당신이 지금껏 겪어 왔던 혹은 앞으로 겪어 가야 할 수많은 사랑의 시행착오를 미리 막고, 잘못된 부분이 있다면 그 부분만을 다듬을 수 있도록 당신을 도와줄 것이다. 당신이 아픈 사랑에 현명하게 대처하고, 나아가 행복한 연애를 하는 데에 실질적인 도움이 되길 바라는 마음으로 글을 적어 내렸다.

사랑을 하며 영원히 아프지 않을 수는 없을 것이다. 그러나 부디 덜 아프고 많이 행복한 그런 사랑을 하기 바란다. 언젠가는 지금의 가슴 아픈 사랑조차 웃으며 이야기하는 그날이 하루빨리 오기를 소원한다.

오늘도 아프지 말고 살자.

목차

책을 펴내며 … 나는 왜 사랑하면 아플까?

Chapter I 사랑이 시작되기 전 알아야 하는 것들

- 001 연애는 왜 하는 것일까?
- 002 상처받을 걸 미리 두려워하지 마라
- 003 내가 이 사람을 좋아하는 게 맞나?
- 004 잘 보이기 위해 노력하지 마라
- 005 SNS에 의미 부여하지 마라
- 006 너무 급한 사랑은 사랑이 아니었으면
- 007 자연스러운 만남을 추구하는 사람들이 착각하기 쉬운 한 가지
- 008 소개팅은 면접이 아니다
- 009 당신은 생각보다 꿀리지 않는다
- 010 온라인을 통해 알게 된 사람과는 이렇게 시작하라
- 011 열 번 찍어 안 넘어가는 나무 없다지만
- 012 외로운 게 아니라 한가한 것인지도 모른다
- 013 섣불리 기대하지 마라
- 014 승산이 없다면 고백하지 마라
- 015 골키퍼 있다고 공 안 들어가는 거 아니지만
- 016 겪어 보지 못했다면 아직 모르는 거다
- 017 얼굴보단 언어에 집중하라
- 018 완벽한 밀당을 위한 준비물

019 　연애의 질은 체력이 결정한다
020 　나와 딱 맞는 사람을 골라내는 가장 현명한 방법
021 　너무나 쉽게 미래를 약속하는 사람
022 　함께 즐길 수 있을 때
023 　연애는 동화가 아니다

Chapter Ⅱ 사랑하면서 놓치지 말아야 하는 것들

024 　너무 많은 걸 희생할 필요는 없다
025 　보이는 것만 믿어라
026 　사랑한다고 하나가 되는 건 아니다
027 　안정적인 연애를 위한 조건
028 　가끔은 혼자 있을 줄도 알아야 한다
029 　상대에게 항상 1순위가 될 필요는 없다
030 　기쁨은 나누면 자랑이고 슬픔은 굳이 나눠 주지 마라
031 　싸울 때 싸우더라도
032 　서운할 때는 나부터 의심해 보자
033 　배려해 줄 때 배려받는 것도 배려다
034 　돌려줄 필요는 없어도 알아줄 필요는 있다
035 　기념일은 사랑을 평가하는 날이 아니다
036 　대가 없이 주는 선물은 주는 사람도 행복해진다
037 　상대를 가장 빠르게 변화시키는 방법
038 　내 연애는 내가 제일 잘 안다
039 　하나의 거짓말은 열 개의 거짓말을 만들어 낸다
040 　장거리 연애가 힘든 당신에게

041 믿으라 강요하지 말고 믿음을 주고 믿게 하라
042 한 번에 해결하려고 하지 마라
043 가스라이팅이 뭔가요?
044 을이 되는 것에 중독되지 마세요
045 그놈의 여사친 그놈의 남사친
046 용서했다면 들춰내지 마라
047 장난이라도 해서는 안 되는 말이 있다
048 그 사람의 진가는 설렘이 지나간 이후에 보인다
049 설렘을 대체할 만한 감정을 찾아라
050 새로운 데이트는 새로운 활력을 찾아 준다
051 권태를 극복하는 가장 현명한 자세
052 헤어진 다음 날 당신은 가장 먼저 무엇을 하겠는가

Chapter III 이별 참 별 거 없습니다

053 평생 후회하는 이별은 었다
054 모든 건 제자리로 돌아온다
055 촉에 집중해야 하는 이유
056 '갑자기'라는 건 없다
057 헤어지자는 말은 무기가 아니다
058 시간을 갖자면 시간을 줘라
059 변해 버린 마음에 이유를 찾지 마라
060 이별에 다른 이유는 없다
061 복수하고 싶다면 동요하지 마라
062 한 번 더 본다고 달라지는 거 없다

063 이별했다면 먼저 연락하지 마라
064 이미 끝난 사람에게 하소연하지 마라
065 후폭풍 건너뛰기
066 좋은 사람으로 남을 필요 없다
067 당신이 그 사람을 잊지 못하는 2가지 이유
068 헤어진 사이에 함부로 친구가 되지 마라
069 왜 이제서야 연락이 오지?
070 사랑은 또 다른 사랑으로 잊히는 게 아니다
071 지금 사람에게서 전 애인의 모습을 찾지 마세요
072 한발 늦어서야 보이는 것들

Chapter IV 우선 나부터 행복해져야 합니다

073 당신의 오늘은 안녕하신가요?
074 극복할 힘조차 상실한 당신에게
075 감정은 습관이 된다
076 열등감 벗어 던지기
077 당신은 생각보다 불쌍한 사람이 아니다
078 힘들다면 우선 밖으로 나와라
079 도망과 도약의 기로에서
080 기준이 없으면 비교하게 된다
081 남의 말은 적당히 무시해도 된다
082 뒤에서 욕하는 사람보다 더 위험한 사람
083 아는 사람은 인맥이 아니다
084 미움받을 줄 알아야 사랑도 받는다

085 우리 중심적인 사람
086 최선을 다하지 마라 아들!
087 너무 일찍 어른이 된 아이
088 가끔은 힘내라는 말이 힘을 빼놓기도 한다
089 딱히 목표 없이 살아도 괜찮은 이유
090 진정으로 변하고 싶다면 성과를 보아라
091 실패가 주고 간 선물
092 내일 할 수 있는 일이라면 오늘도 할 수 있다
093 두려워하면서 시작하라
094 행복에 불안해지지 마라

책을 마치며 … 나는 더 아파보기로 했다

Chapter
I

사랑이 시작되기 전 알아야 하는 것들

001
연애는 왜 하는 것일까?

연애는 왜 하는 것일까? 감정을 공유하기 위해서? 힘든 나날을 같이 버텨 줄 동반자를 얻기 위해서? 그것도 아니라면 그저 남들 다 하는데 나만 안 하고 있는 게 눈치 보여서? 연애를 하는 이유란 저마다의 가치관에 따라 모두 다르겠지만, 궁극적인 이유는 같다.

연애는 내가 행복하려고 하는 것이다.

사랑하는 사람의 웃는 얼굴이 보고 싶어 연애를 한다는 어느 드라마의 대사 또한, 결국 그 사람의 웃는 얼굴을 보고 진심으로 즐거워하는 내가 있기에 가능한 말이다.

사랑은 일정한 방향으로만 흘러가진 않는다. 어느 날은 조금 당혹스러운 상황이 만들어지기도 하고 어느 날은 미처 예상하지 못했던 실망감이 밀려와 끝을 고민해야 하는 슬픈 순간이 다가올 때도 있을 거다.

만에 하나 훗날의 당신에게도, 연애와 사랑이 삶을 힘들게 하는 순간이 찾아온다면 한 번쯤은 자신에게 이 질문을 해 보아라.

"너 지금 행복하니?"
"앞으로 행복해질 수 있을 거 같니?"

만약 이 질문에 대해 제대로 답하지 못한다면, 그때는 쓰리더라도 앞으로의 더 행복할 날들을 위해 겸허히 끝을 받아들여야 한다. 잊지 마라. 우리가 연애를 이어나가는 이유는 상대를 위해서도 부모를 위해서도 아닌, 오롯이 내가 행복해지기 위함이다.

002
상처받을 걸
미리 두려워하지 마라

　이전 연애에 대한 상처가 큰 사람은 그렇지 않은 사람보다 사랑의 시작에 많은 어려움을 겪게 된다. 또다시 상처를 받는 것이 두렵고 기대하는 것만큼 실망이 커진다는 사실도 누구보다 잘 알기에 막상 기회가 찾아와도 섣불리 내 안에 다른 이를 들이기가 망설여지는 것이다. 준비가 되지도 않았으면서 누군가를 애써 사랑할 필요는 없다. 그러나 이미 누군가를 사랑하고 있으면서도 상처받는 게 두려워 사랑을 피하는 것이라면, 당신은 영원히 그 상태에서 한 발짝도 나아갈 수 없을 것이다. 상처 없는 연애란 존재하지 않기 때문이다.

　성숙한 연애는 이 사실을 받아들이는 순간부터 시작된다. 겉보기엔 하나부터 열까지 모든 게 잘 맞아 보이는 커플도 사실 그들만의 트러블을 겪고 있을 수 있다. 오히려 사랑하는 사이에 그 어떤 마찰도 충돌도 생기지 않는다면 그것은 사이가 좋아서라기보다는 애정이 없어서라고 보는 편이 더 정확하다.

두렵지 않다면 사랑이 아니고 아프지 않다면 진심이 아니다.

즉, 누군가를 진심으로 사랑한다는 건 이미 아파할 준비가 되었다는 뜻이다. 신중해서 나쁠 건 없지만 지나치게 몸을 사리는 신중은 오히려 기회를 놓치게 만든다. 아직 오지도 않은 상처를 굳이 추측까지 해 가며 불안해 하지 마라. 부딪힐 상황이 왔을 땐 부딪히면 그만이고 아파할 상황이 왔을 땐 아파하면 그만이다.

넘어져 본 사람만이 다시 일어설 방법을 알 수 있듯, 다쳐 본 사람만이 덜 다치는 방법도 알게 된다. 적어도 지금의 당신은 과거의 당신보단 훨씬 강한 사람이니, 사랑 앞에 너무 작아질 필요 없다.

003
내가 이 사람을 좋아하는 게 맞나?

"같이 있으면 좋긴 한데 매일 생각나는 건 아니고…… 그렇다고 절대 싫은 건 아닌데……."

사랑이라는 감정 자체에 서툴거나 연애 경험이 적은 사람들은 종종 본인이 느끼는 감정이 사랑이 맞는 건지 헷갈릴 때가 있다. 대체로 호감과 사랑 사이의 경계가 흐려졌을 때 나타나게 되는 자연스러운 현상이다. 그러나 아직 상대에게 확신이 서지 않은 상태라면 섣불리 관계를 진전시켜선 안 된다.

혹여 나중이 되어 내가 느꼈던 감정이 사랑이 아니었다는 걸 알게 되면 반드시 둘 중 한 사람은 상처를 받는다. 그러니 관계를 진전하기 전에는 꼼꼼한 체크가 필요하다. 우선 지금 내가 느끼는 감정이 의심스럽다면 이 세 가지를 기준으로 현재 나의 상태를 파악해 보아라.

1 그 사람에 대해 궁금한 것이 많은가?

호의는 단순히 호의에서 그치지만 사랑이란 감정은 그 사람에 대해 점점 더 알고 싶어지는 성격을 가지고 있다. 특히나 그 호기심이 그 사람의 개인적인 일상이나 그가 해 왔던 이전의 연애로 향한다면 당신은 이미 호감 이상의 감정을 느끼고 있을 가능성이 크다.

2 그 사람과 함께하는 일상을 생각해 본 적이 있는가?

일상 속에서 불쑥불쑥 그에 대한 생각이 떠오른다면 나도 모르게 그 사람을 그리워하거나 보고 싶어 한다는 의미가 된다.

3 만약 그 사람 옆에 내가 아닌 사람이 서 있다면 나는 어떤 기분이 들까?

어느 날 그에게 애인이 생겼다는 소식이 들려온다. 이때 당신은 어떤 기분이 들 것인가? 서운하고 화가 나고 짜증이 날까? 아니면 아쉽지만 어쩔 수 없다는 생각이 먼저 들까? 만일 후자의 생각이 먼저 들었다면 지금 당신이 느끼는 감정은 그저 좋은 사람을 보면 나오는 호감일 뿐이니 헷갈리지 마라.

004
잘 보이기 위해 노력하지 마라

어떻게 해야 그 사람에게 더 잘 보일 수 있을까?
무슨 말을 해야 그 사람이 좋게 봐줄까?
옷은 어떻게 입어야 매력적으로 보일까?

남몰래 누군가를 사랑하고 있는 사람이라면 한 번씩 이런 고민에 빠질 때가 있다. 그의 행동 하나하나, 눈빛 하나하나에 의미를 붙이고 혼자 기대하다 혼자 실망하며 희망 고문을 당하기도 하는 짝사랑의 시간. 그러나 참 역설적이게도 상대에게 매력적으로 보이기 위한 최고의 방법은 굳이 매력적으로 보이려고 하지 않는 태도에 있다.

매력을 다른 말로 쓰면 자신감이란 뜻이 된다. 또 자신감이란 현재의 내가 가장 편안한 상태에서만 뿜어져 나오는 일종의 아우라 같은 것이다. 고로 지금 누군가에게 정말 매력적으로 보이고 싶다면 당장 그 사람의 눈치를 살필 게 아니라 최대한 지금의 나를 편안한 상태로 만들어 주는 일에 집중해야 한다.

무슨 옷을 입어야 좋아 보일지를 고민하기 전에 나는 무슨 옷이 가장 잘 어울리는지를 고민하고, 무슨 말을 해야 긍정적으로 보일지를 고민하기 전에 지금 내가 가장 하고 싶은 말이 무엇인지를 아는 것이 매력에 있어 훨씬 중요한 요소다.

부디 좋아하는 상대에게 잘 보이기 위해 억지로 눈치 보며 노력하지 마라. 매력이란 멀리서 찾는 게 아니다.

매력의 근원은 자신감이고
자신감의 근원은 편안함이다
이것이 우리가 우리 자신을 충분히
쉬게 해 주어야 하는 마땅한 이유다

005
SNS에 의미 부여하지 마라

그 사람이 제 스토리를 끝까지 봐 줬어요!
게시물에 '좋아요'를 눌러 줬어요!
사진을 올리자마자 하트를 눌러 줬어요!

거의 모든 연령대를 초월하여 SNS가 일상이 되어 버린 요즘은 우리의 연애도 SNS에 많은 영향을 받고 있다는 생각이 든다. 직접적인 접촉이 없어도 댓글로 소통을 하고 '좋아요'와 하트를 이용해 호감을 표현하는 등 시대가 변함에 따라 이제는 이성에게 접근하는 방법도 점차 편리해지고 있다. 그러나 아무리 시대가 변해간다 한들 남녀 관계에는 절대 변하지 않는 한 가지의 규칙이 존재한다. 바로, 지나친 의미 부여는 망할 확률을 높인다는 것.

사실 SNS를 통해 비친 몇 번의 호감만을 가지고 상대의 마음을 확인하는 건 거의 불가능에 가깝다. 이미 SNS라는 곳 자체가 두 사람만의 공간이 아니기 때문이다. 온전히 그 사람과 단둘이 소통할 수 있는 메신저라도 있지 않은 이상 온라인상의 반응만으로 지나친 의미 부여를 하는 건 결코 좋은 습관이 아니다.

그가 내 게시물에 언제 '좋아요'를 눌렀고 어떤 댓글을 달았는가 하는 문제도 중요한 문제일 수 있지만, 그보다 먼저 그는 평소 나를 어떤 표정으로 바라보고 어떤 말을 건네 오는지, 내가 먼저 말을 붙일 때 돌아오는 리액션은 어느 정도였고, 나의 사적인 부분에 대해서는 얼마나 큰 호기심을 보이는지 하는 다소 현실적인 문제에 더 큰 비중을 두었으면 한다.

직접 보고 느끼기 전까지는 섣불리 기대하지 말고 섣불리 포기하지 마라. 마음을 확인하는 수단으로서의 SNS는 너무나 많은 허점을 가지고 있다.

006
너무 급한 사랑은 사랑이 아니었으면

누군가를 만나 사랑이 시작되었다고 모든 게 순조로워지는 것은 아니다. 사랑을 하더라도 그 사랑을 온전히 주고받을 준비가 되어있지 않다면 머지않아 당신은 또 한 번의 이별을 경험하게 될 거다.

연애할 시기는 정해져 있다. 물론 그 시기와 나이는 무관한 이야기다. 나이에 따라 관점이 달라지는 건 맞지만 사랑이라는 감정 자체가 변질되는 건 아니기 때문이다. 진짜 연애할 시기를 결정짓는 것은 '누군가에게 의지하지 않고도 살아갈 준비가 되어 있느냐.'이다. 단지 외롭다는 이유로 누군가를 옆에 두지 않으며, 위로를 받지 않아도 크게 불안함을 느끼지 않는 상태.

힘든 요즈음, 생뚱맞은 외로움이 밀려온다면 잠시 마음을 비워 두고 지금의 내가 진정 사랑할 준비가 되어 있는지부터 확인해 보자.

성급한 사랑과 운명적인 사랑은 한 끗 차이다.

다치지 않고 사랑하기에 가장 최적의 시기는

굳이 사랑받지 않아도 살 만할 때다

007
자연스러운 만남을 추구하는 사람들이 착각하기 쉬운 한 가지

"난 소개 같은 거 싫어."
"인위적으로 만나는 거 내키지 않아."

자만추. 자연스러운 만남을 추구한다는 뜻의 신조어.

물론 누구라도 지인의 소개 혹은 부모님의 추천으로 알게 된 사람과 어색하게 앉아 시답잖은 탐색전을 벌이는 것보다, 예기치 못한 순간 운명적으로 다가온 사람과 사랑에 빠지는 그림이 훨씬 아름답다고 생각할 거다.

그러나 자연스러운 만남이 곧 노력 없는 만남을 뜻하는 건 아니다.

간혹 죽어도 자만추를 지향한다는 사람들의 이야기를 듣고 있으면 마치 가만히만 있어도 운명 같은 사랑을 만날 수 있다고 착각하는 경향이 없지 않은 듯하다. 정작 운명처럼 만났다는 사람들 역시 어느 시점부터는 누군가의 끝없는 노력으로 결실을 맺은 경우가 더 많은데 말이다.

만남이 자연스럽다고 해서 과정까지 자연스럽게 해결되는 사랑은 없다.

결국 연애라는 것 자체가 두 사람의 노력으로 유지되는 것이기에 누군가를 위해 온전히 노력할 마음의 준비가 되어 있지 않다면 운명적인 사랑은 쉽게 다가오지 않을 것이다. 세상에 쉬운 일은 없듯 쉬운 사랑도 없다. 진심으로 좋은 사람을 만나 좋은 사랑이 하고 싶다면 적어도 가만히 앉아 누군가가 나타나기만을 바라서는 안 된다.

008
소개팅은 면접이 아니다

　소개팅이 어렵다는 사람들의 공통점은 누군가를 소개받는 자리 자체에 대한 부담이 크다는 거다. 그저 가볍게 만나 이야기를 나누다 돌아오면 되는데, 마치 어딘가에 지원해 꼭 합격해야만 하는 면접자가 된 양 실컷 비위만 맞추다 돌아오는 사람이 있는가 하면, 반대로 내가 면접관이 되어 상대를 이리저리 재고 떠보다 소통은커녕 불쾌감만 심어 주고 돌아오는 사람도 있다. 물론 비위를 맞추는 일이나 떠보는 일이나 어느 것 하나 중요하지 않은 건 없다.

　다만 그걸 굳이 오늘 처음 만난 이 자리에서 다 끝내야 할 필요는 없다. 일적으로 만나 함께 처리해야 할 업무라도 있지 않은 이상 소개의 목적은 그저 그 사람의 전반적인 느낌을 파악하는 데 있다.

　"그 사람 뭔가 촉이 안 좋아……."
　"이 사람 뭔가 더 궁금해!"

소개팅을 끝낸 직후 상대와 내가 내리게 될 결론은 기껏해야 저 두 가지를 벗어나지 않는다. 함께 식사하고 커피 마시는 그 몇 시간 동안 그 이상의 무언가를 더 알아내는 것도 무리다.

어설프게 기 싸움을 벌일 필요는 없으니 그저 친한 언니와 커피 한 잔하러 나왔다는 마음으로 편안히 대화에 임해 보아라. 혹여 나중에 연락이 오지 않을 것을 미리 염려해 불안한 마음이 든다면, 당신이 최선을 다하지 않았기 때문은 아니다. 상대는 이미 당신의 전체적인 느낌이 자신과는 맞지 않는다는 결론을 내린 것일 뿐이다.

매력이란 편안함에서 나온다. 이번에는 부디 가장 편안하고 나다운 모습으로 그 자리를 즐기다 돌아오기를.

009

당신은 생각보다
꿀리지 않는다

누군가를 좋아하는 마음이 커질 무렵 우리는 종종 바보 같은 착각에 빠지곤 한다. 내가 좋아하는 상대 앞에 지금 나의 모습이 너무나 초라해 보인다는 착각.

흔히 혼자 좋아해 온 짝사랑의 기간이 길어질 때 찾아오는 착각이기도 하다. 혼자 상상하는 과정에 그에 대한 이미지와 가치가 함께 부풀려진 것이다. 물론 상대를 높이 평가하는 것 자체가 잘못된 건 아니지만 그렇다고 시작 전부터 본인의 가치를 밑으로 내릴 필요는 없다.

조금 미안한 말이지만 그 사람은 당신의 상상처럼 완벽한 존재가 아니다.

마음을 가다듬고 한 걸음만 더 가까이 다가가 보아라. 지나친 상상은 아직 겪어 보지도 않은 두려움을 미리 가지고 올 때가 있다. 더 이상 혼자 아파하고 싶지 않다면 눈 딱 감고 한 번만 용기를 내라. 당신은 생각보다 꿀리지 않는다.

내가 나의 단점을

단점으로 여기지 않는 순간

놀랍게도 그것이 남들 눈에 보이지 않는

마법이 일어난다

010
온라인을 통해 알게 된 사람과는 이렇게 시작하라

시대가 변함에 따라 사람을 만나는 경로도 참으로 다채로워졌다. 굳이 예전처럼 지인들을 괴롭히며 여기저기 연결고리를 찾아다니지 않아도 이제는 마음만 먹으면 데이팅 앱과 소개팅 앱 등 온라인상의 도움으로 별다른 노력 없이 새로운 누군가를 알아가는 것이 가능해진 것이다.

그러나 한편으로는 아직 이 편리한 상황이 마냥 달갑지만도 않다. 온라인상에서의 만남은 실제의 만남보다 접근이 쉽고 단순해서인지 곳곳에 위험 요소가 숨어있기 때문이다. 좋은 사람인 줄 알고 연락을 이어갔는데 막상 만나고 보니 그게 아니었다는 식의 피해 사례 또한 흔하게 들려온다.

그렇다면 과연 온라인상에서 알게 된 사람들은 모두 믿고 걸러야 할 나쁜 인연들일까? 그렇지 않다. 온라인이란 오히려 잘 활용할 수만 있다면 시간과 에너지를 아낌은 물론 다양한 부류의 사람들과 다채롭게 교류할 수 있다는 장점이 있다. 다만 온라인을 통해 누군가를 알아갈 때는 반드시 인지해야 할 점이 하나 있다.

온라인에서 알고 지낸 기간만큼, 오프라인에서도 충분한 기간을 두고 서로를 알아가야 한다는 점이다.

예를 들어 온라인상에서 누군가와 한 달을 알고 지냈다면 오프라인상에서도 한 달은 알고 지내야 그 사람의 진짜 모습이 보이기 시작한다. 기필코 좋은 짝을 만나 외로움을 덜어내리란 생각보다는 마음 맞는 친구를 하나 찾아보겠다는 느긋한 마음으로, 관계를 여유롭고 넓게 바라보아라.

조급한 마음만 접어둘 수 있다면 좋은 사람을 만난다는 보장은 없어도 해가 될 사람은 걸러 낼 수 있다.

011
열 번 찍어 안 넘어가는 나무 없다지만

열 번 찍어 안 넘어가는 나무는 없다. 열 번이 안 된다면 스무 번을, 스무 번이 안 된다면 서른 번을 찍어라. 나무는 반드시 넘어간다.

그러나 그건 상대가 진짜 나무일 때나 해당되는 이야기이지 최소한 사람에게 해당하는 말은 아니다. 사람은 누가 와서 열 번을 찍는다고 하면 그냥 짜증나고 무섭다. 또, 제대로 도끼질을 할 줄 알아야지 무작정 나무만 두들겨 패는 게 능사는 아니다. 잘못했다간 오히려 도끼가 부러져 나갈 수도 있는 위험한 행동이다. 마음을 전할 때는 도끼 따위 필요 없다. 딱 두 가지의 용기만 챙겨가라.

당당히 마음을 전할 용기
당당히 마음을 접을 용기

만약 저 둘 중 하나의 용기라도 가지고 있지 않다면 당신에게는 아무 일도 일어나지 않을 거다. 부디 어설픈 도끼질은 이쯤에서 멈추고 이젠 진심으로 용기를 내라.

때로는 '잘 보여야만 해.'라는 마음이
잘 보이고 싶은 사람 앞에서 나를
굳어 버리게 만든다

012
외로운 게 아니라
한가한 것인지도 모른다

다이어트 최대의 적은 '거짓 배고픔'이다.

갑작스러운 식단의 변화나 운동량에 의해, 이제 막 다이어트를 시작한 사람의 뇌는 공복이 아님에도 허기를 느끼게 될 때가 있다고 한다. 먹어도 먹어도 배가 고프고, 밥때가 아님에도 무언가를 먹어야 할 것만 같은 가짜 허기.

그런데 이런 허기가 단순히 다이어트에만 국한되는 이야기가 아니라는 걸 알고 있는가? 사람의 마음도 이와 같은 가짜 허기를 느낄 때가 있다. 다이어트 최대의 적이 '거짓 배고픔'이라면 연애 최대의 적은 '거짓 외로움'이다.

다이어트 후유증과 마찬가지로 어느 날 주체할 수 없을 만큼의 시간이 생겨나거나 나를 둘러싼 주변 환경에 갑작스러운 변화가 찾아왔을 때, 우리는 종종 거짓 외로움을 느끼게 된다. 특히나 이런 식의 감정은 평소 일상을 몹시 바쁘게 지내 온 사람일수록 쉽게 찾아온다. 남아도는 시간으로 인해 길을 잃은 에너지들이 엉뚱하게도 당장 무언가를 더 채워야 할 것만 같다는 허기를 만들어 내는 것이다.

"나는 원래 이런 사람이 아니었는데……."

근래 들어 이런 생각이 불쑥불쑥 찾아올 때가 있다면 한 번쯤은 의심해 보기 바란다. 어쩌면 지금 당신이 느끼는 그 외로움은 진짜 외로움이 아닐 수도 있다. 삶이 혼란스럽다고 그 원인이 전부 외로움에만 있는 것은 아니니까.

013
섣불리 기대하지 마라

누군가가 나에게 조금의 친절을 베풀었다고 섣불리 희망을 품는 건 곤란하다. 관심에도 나름 몇 가지의 단계가 있다. 크게 4단계로 구분된다.

1단계 - 호기심
2단계 - 호의
3단계 - 이성적 호감
4단계 - 좋아하는 감정

처음은 그저 '이 사람 어떤 사람이지?' 하는 작은 '호기심'으로 출발하여 친절한 '호의'를 베풀게 되고 점점 '이성적 호감'이 생기다가 마침내는 그 사람이 자꾸 신경 쓰이고, 보고 싶어지는 '좋아하는 감정'까지 가게 되는 구조다.

사람에 따라 각자 가지고 있는 키와 체중이 다르듯 마음의 크기 역시 상황에 따라 유동적으로 변한다. 따라서 상대의 말과 행동 하나하나에 지나치게 기대하고 의미를 붙이는 건 위험하다. 자칫했다간 희망 고문이 될 수도 있다. 당장에 의심 가는 사람이 있다고 하더라도 우선 내가 너무 조급하게만 생각하고 있는 건 아닌지, 또 그의 호의적인 태도가 유독 나를 대할 때만 보이는 모습인지 그저 다수에게 보이는 친절인지 냉정하게 판단하길 바란다. 지나친 행복 회로는 간혹 나의 눈마저 가려 버릴 때가 있다. 잊지 마라. 성급할수록 불리해질 수 있다.

014
승산이 없다면 고백하지 마라

마음을 고백하는 것은 몹시 아름답고 용기 있는 일이나 항상 그 결과마저 아름다운 것은 아니다. 고백의 가장 기본적인 핵심도 이해하지 못하는 사람이라면 백 번을 고백해도 결과는 언제나 거절이다.

고백이란 단순히 나의 마음을 던지는 도박이 아니다. 그간 나의 추파가 충분히 상대에게 전달되었는지 또 상대는 현재 나에 대해 얼마나 호의적인 태도를 취하고 있는지에 따라 고백의 승산이 결정된다. 현실 연애는 드라마가 아니다. 마음을 전한다고 반드시 상대가 설렘을 느끼는 것도, 로맨틱한 분위기가 연출되는 것도 아니다.

혹여 지금의 당신도 누군가에게 고백을 망설이고 있다면 냉정하게 생각해 봐라. 당신은 이 관계에 있어 어느 정도의 승산을 가지고 있는가. 만약 모르겠다는 결론이 나왔다면 단호히 말해 아직은 때가 아니다. 당장에 마음을 전하는 게 능사는 아니다. 적당히 거리를 좁혀가다 보면 굳이 내 마음을 던지지 않아도 내게 얼마만큼의 가능성이 있는지 정도는 알 수 있다. 해도 후회, 안 해도 후회라면 그냥 안 하는 게 낫다.

적어도 남녀관계는 그렇다. 부디 스스로 흑역사를 생성하지 않는 현명한 당신이 되길 바란다.

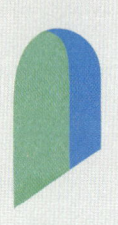

나를 좋아하는 건지 아닌 건지
헷갈리게 하는 사람이 있다면

그 역시 당신이 좋은 건지 아닌 건지
헷갈려하고 있을 확률이 높다

마음의 확신이 있다면 사랑이란
결코 서로를 헷갈리게 하지 않는다

015

**골키퍼 있다고
공 안 들어가는 거
아니지만**

사랑과 욕망을 구분하지 못하는 사람들이 있다.

이미 애인이 있거나 배우자가 있는 대상만을 골라 사랑을 느끼는 사람. 나아가 아예 뺏어 버려야만 직성이 풀리는 사람. 금기된 사랑을 마치 세기의 사랑처럼 여기는 사람.

물론 골키퍼가 있다고 공이 안 들어가는 건 아니다. 그러나 당신이 메시나 호날두 정도의 실력이 되지 않는다면 섣불리 그런 도전은 하지 마라.

하물며 진짜 메시나 호날두도 대뜸 남의 경기에 뛰어 들어가 골을 넣지는 않는다. 정당하게 시작되지 못한 사랑은 결국 끝없는 의심과 불신만을 낳게 된다. 굳이 도덕적인 양심이 어쩌고 하는 문제를 걸고넘어지지 않아도 조금만 생각해 보면 그런 식의 사랑이 나에게 아무런 이득이 될 수 없다는 것 정도는 알 수 있다. 열정도 열정을 쏟을만한 곳에 쏟길 바란다. 남의 가슴에 대못을 박아 놓고 그걸 운명이라고 우기면 곤란하다.

골대 앞에 골키퍼가 서 있건 수비수가 서 있건 관객은 그저 관중석에서 경기나 관람하면 되는 거다.

016

**겪어 보지 못했다면
아직 모르는 거다**

누군가에게 반했다고 하여 그 사람의 보이지 않는 부분까지 맹목적으로 사랑하는 건 곤란하다. 사랑에 빠졌더라도 최소한 내가 아는 그의 모습만을 사랑해야 조금 더 현실적인 그림을 그릴 수 있다. 특히 '금사빠' 즉 금방 사랑에 빠져버린다는 사람들에게 가장 큰 문제가 되는 것도 이러한 잘못된 상상력이다.

그 사람의 어떤 면이 마음에 들었다는 이유 하나로 내가 보고 싶은 대로 보고, 믿고 싶은 대로 믿으며 때론 개인적인 희망 사항까지 더해가며 아직 제대로 확인해 보지 못한 그의 모습과 사랑에 빠지는 거다.

우리는 앞으로 나와 연애를 시작하게 될지도 모를 누군가를 사랑하는 것이지 결코 드라마에 나오는 연예인을 사랑하는 게 아니다. 정말 현실적인 사랑이 하고 싶다면 최대한 냉정하고 이성적 시선으로 접근해야 쓸데없이 기가 죽는 일도, 불필요한 상실감을 떠안는 일도 없다.

내 마음에 쏙 드는 외모에 반했다면 아직은 그 사람의 외모만, 본인 일에 최선을 다하는 태도에 반했다면 아직은 그 사람의 태도만. 우리가 사랑해야 할 데이터는 아직 거기까지다. 나머지는 차차 겪어가며 판단해야 할 문제다. 겪어 보지 못했다면 아직 모르는 거다.

017
얼굴보단 언어에 집중하라

우리가 누군가에게 반하게 되는 과정 중 가장 큰 부분을 차지하는 것이 무엇일까? 이 주제에 대해서는 아무리 많은 의견이 분분하다 할지라도 단연 외적인 모습이 가장 강력하게 작용할 거다. 아직 서로가 서로에 대해 많은 정보를 공유하지 못한 상태라면 당장에 상대를 평가할 수 있는 유일한 기준이 외모밖에 없기 때문에 그렇다.

누구나 마음속에 품고 있는 이상형이 한 명씩은 있다고 한다. 누구는 키가 크고 체격이 좋은 사람, 누구는 키가 작고 아담해 보이는 사람. 그런데 참 신기한 것이 그렇게나 선망하던 이상형을 만났다고 모두가 행복한 연애를 하는 건 아니라는 거다.

진짜 나에게 맞는 좋은 사람을 골라내기 위해서는 외적인 모습만큼이나 내면의 모습도 함께 들여다봐야 한다는 중요한 진리를 우리는 종종 잊을 때가 있다. 그러나 내면의 모습을 들여다본다는 것이 말처럼 쉬운 게 아니다. 외적인 모습이야 지금 눈앞에 보이는 그대로를 보면 알 수 있는 거지만 독심술사가 아니고서야 어떻게 그 사람의 내면까지 들여다보는 게 가능할까?

힌트는 언어에 있다. 그 사람이 평소 당신 이외에 다른 이들에게 어떤 언어를 쓰고 있는지에 집중해 보자. 인간성이란 의외로 작고 사소한 부분에서 발견되곤 한다. 그리고 여기에 한 가지 힌트를 더 드리면 그가 굳이 잘 보이려고 노력하지 않아도 되는 사람들, 이를테면 그의 친구, 후배, 가족, 또는 식사하려고 잠시 들른 식당의 종업원에게 그가 어떤 태도와 언어로 말을 하고 있는지 관찰해 보아라. 그 모습이 곧 설렘이 지나간 이후 그가 당신을 대하는 모습이 될 거다.

시간이 지남에 따라 사랑의 온도는 내려가고 관계는 긴장의 허리띠를 풀어 간다. 좋은 사람의 정의란 언제나 나에게 변함없이 잘 해주는 사람이 아닌, 언젠가 지금의 설렘이 지나가도 나에게 항상 예의를 갖추는 사람이다. 그 사람이 진정으로 좋은 사람이자 진국 같은 사람이라는 걸 기억하시기 바란다.

오랜 시간이 지나도 변하지 않는 사랑을 꿈꾼다면, 말이 고운 사람을 찾아라.

018
완벽한 밀당을 위한 준비물

연락하는 횟수와 만남을 의도적으로 조절하여 상대를 불안하게 만드는 것을 밀당(밀고 당기기)이라고 한다. 누군가는 이 행동에 안 좋은 시선을 갖기도 하지만, 장기적인 연애의 탄력을 위해서 밀당은 종종 필요할 수 있다.

잘만 통한다면 관계의 주도권은 물론 단기간에 나의 가치마저 올려놓을 수 있는 큰 장점을 지닌 것이 밀당이기 때문이다. 그러나 이와 같은 밀당을 안정적으로 성공하기 위해서는 절대 빠지면 안 되는 중요한 준비물이 하나 있다.

바로 차선책이다.

만약 지금 당신이 밀어내려는 그 사람이 영영 밀려 나가 돌아오지 않는다면 그땐 어떻게 대처할 것인가에 대해 생각해 보라는 뜻이다. 침묵의 시간을 누가 더 여유롭게 버텨내느냐에 따라 밀당의 승패가 정해진다. 그런데 당장 답답한 마음에 아무런 차선도 대안도 없이 그 사람을 밀어냈다면 당신은 결코 이 심리전에서 승리할 수 없을 것이다. 명심해라.

차선이 없는 밀당은 그저 도박일 뿐이다.

어떻게 될지 알 수 없는 것이 사람 일이라지만

한 90% 정도 예측되는 것도 사람 일이다

019
연애의 질은
체력이 결정한다

성공하는 CEO들의 습관을 정리해 둔 책을 보고 있으면 꼭 빠지지 않고 등장하는 습관 중 하나가 운동이다. 하루 종일 일을 하고 회의를 하고 직원 관리 또한 소홀히 할 수 없는 CEO의 입장에서 지치지 않는 체력이란 경영자가 갖춰야 할 가장 필수적인 조건이라고 할 수 있다.

그러나 이러한 체력의 중요성은 굳이 경제적 성공만이 아닌 연애적 성공을 위해서도 반드시 필요한 요소다. '게으른 사람은 연애 못 한다.'라는 격언을 들어보신 적이 있는가? 개인적으로 굉장히 공감하는 말이다. 연애 초반을 지나 관계의 안정권으로 가기까지의 과정은 서로에게 확신을 주는 단계이기에 밤이나 낮이나 연락에 신경을 써야 하고 원활한 데이트를 위해서는 데이트 코스에도 신중을 기해야 한다. 여기에 현재 하고 있는 일이 있다면 연애와 삶의 밸런스를 맞추기 위해 일에도 최선을 다해야 한다.

너무 피곤하다고? 맞다. 연애란 행복감이 큰 만큼 써야 하는 에너지 소모도 큰, 피곤하고 어려운 여정이다. 그렇기에 게으른 사람이 연애를 못한다는 건 어찌 보면 당연한 결과일 거다. 안정된 삶이 있어야 안정된 연애가 가능하듯, 보다 재미있고 질 높은 연애를 원한다면 먼저 그에 뒷받침되는 체력부터 길러라.

연애의 질은 체력이 결정한다.

020

나와 딱 맞는 사람을 골라내는 가장 현명한 방법

좋은 사람과 안 좋은 사람의 정의는 저마다의 기준에 따라 큰 편차를 보인다. 누구나 좋은 사람을 만나고 싶어 하지만 저마다의 기준에 따라 누군가에게는 한없이 좋은 사람이 누군가에게는 그저 그런 사람이 되기도 한다. 그러므로 좋은 사람을 고른다는 말도 틀린 표현이다.

최대한 나와 맞는 사람을 골라내는 것이 가장 좋은 사람을 고르는 기준이다. 그러나 나와 맞는 사람을 골라낸다는 게 여간 어려운 일이 아니다. 특히나 아직 사람과 연애에 대한 경험이 많지 않은 이들에게는 더욱 헷갈리고 어렵게 다가오는 문제다.

그래도 방법이 아예 없는 건 아니다. 굳이 관계를 진전시키지 않고도 저 사람이 내가 원하는 부분을 가지고 있는 사람인가를 손쉽게 알아 낼 방법을 하나 소개한다. 바로, 초반에 힌트를 주지 않는 거다.

다시 말해 상대에게 내가 원하는 부분을 먼저 이야기하지 않는 거다. 매우 단편적인 예로 나는 영화를 좋아하니까 내가 만나게 될 사람도 나처럼 영화를 좋아하길 바란다면, 최대한 내가 영화를 좋아한다는 사실을 숨기는 거다.

왜 그래야 할까? 만에 하나 상대도 나에게 마음이 있는 상태라면 평소 영화를 굉장히 싫어해도 내 앞에서는 영화를 좋아하는 척 연기할 수 있기 때문이다. 그러니 내가 원하는 부분이 있다면 최대한 그 부분을 숨겨 가며, 상대가 선호하는 취미에 대해 먼저 들어보아라. 그게 그 사람의 진짜 취미일 가능성이 크다.

비록 지금은 취미로 예를 들었지만 이 방법은 그 사람의 실제 성향이나 성격, 추구하는 연애 가치관에 대해서도 미리 알아볼 수 있는 효과를 가지고 있다. 그렇다고 사람을 너무 재서도 안 되겠지만 기왕에 한번 재 볼 심산이라면 초반에는 최대한 당신에게 다가올 힌트를 주지 마라. 그래야 그도 숨김없는 진짜의 모습으로 다가올 거다.

021
너무나 쉽게 미래를 약속하는 사람

살다 보면 정말 나와 꼭 맞는 연인을 만나게 될 때가 있다. 그리고 그런 사람을 만나게 되면 어김없이 미래에 대한 생각이 고개를 들기도 한다. 세상 그 누구도 지금의 사랑이 한때의 사랑으로 끝나길 원하진 않을 거다. 그러나 미래를 생각하는 것과 미래를 약속하는 건 엄연히 다른 개념이다.

사랑하는 사람과 미래를 생각하는 것 자체가 잘못되었다는 말이 아니다. 다만 그 생각을 입 밖으로 꺼내 약속을 하는 순간 그것은 책임의 영역이 된다. 특히나 서로 알게 된 지 얼마 되지도 않은 시점에서 하게 되는 약속은 교제 기간이 짧았던 만큼, 말의 신빙성 또한 현저히 떨어지게 마련이다.

물론 교제 기간이 짧다고 하여 미래와 관련된 모든 약속을 부정해서는 안 되겠지만 적어도 서로에게 확신이 생기기 전까지는 그 약속에 너무 많은 걸 기대해선 안 된다. 간혹 교제한 기간에 비해 꽤나 굵직한 약속을 해오는 사람이 있다. 여러 이유가 있겠지만 크게 두 가지로 나눠보겠다.

1 결혼이 정말 시급한 사람

빨리 가정을 꾸려서 안정을 이루고 싶은 사람일수록 교제 기간과는 관계없이 결혼을 서두르려는 경향이 있다.

2 어차피 깊게 생각해 본 적 없는 사람

말 그대로 이 관계에 대해 그다지 깊은 생각을 해 본 적이 없기에 미래라는 무거운 주제를 하나의 립 서비스 차원에서 남발하는 경우다. 적어도 '그 사람에 관해서라면 난 모르는 게 없다.'라고 할 정도의 시간이 흐르지 않았다면 미래에 대한 약속은 섣불리 꺼내서도, 섣불리 기대해서도 안 된다.

섣부른 약속은 간혹 쓸데없는 상처를 제공하기도 한다.

사랑은 존재하거나 존재하지 않는다
가벼운 사랑은 아예 사랑이 아니다

_ 토니 모리슨

022
함께 즐길 수 있을 때

"연인 사이에 잠자리는 언제가 가장 적절한 걸까요?"

이와 같은 질문을 받을 때마다 늘 똑같이 해 주는 말이 있다. 두 사람이 함께 즐길 수 있을 때가 가장 적절한 시기다.

만남을 시작한 지 얼마 되지 않았거나 혹은 연애 자체가 처음인 사람에게 잠자리에 대한 고민은 꽤나 무거운 숙제다. 어디 가서 속 시원히 조언을 구하기도 어렵고, 무작정 내 임의대로 진도를 나가기에도 불안해지는 문제다.

그러나 진도에 있어 정해진 답이란 없다. 사람마다 모두 하는 생각이 다르고 두 사람이 어떠한 합의점을 찾아냈는지에 따라 사랑의 속도는 달라지기 때문이다. 단 그 과정에 있어 무조건 한 사람의 의견만을 따르는 건 현명하지 못한 행동이다. 상대가 원하니 그저 따라 준다는 식의 마인드는 적어도 잠자리에서만은 통용되지 않는 배려다.

잠자리란 나누는 것이지 누가 누구에게 양보하거나 베푸는 게 아니다.

너와 내가 함께 준비된 시점에서 서로가 서로의 사랑을 온전히 즐길 준비가 되기 전까지는, 더욱 솔직하고 진솔한 대화를 통해 둘만의 합의점을 찾아가는 그 과정을 결코 소홀히 해서는 안 된다.

막연히 남들의 조언에만 기대어 진도를 결정하지도 않았으면 좋겠다. 사랑하는 사람과의 잠자리는 후딱 끝내야 할 과제도 아니고 기한이 정해진 숙제도 아니다.

023
연애는 동화가 아니다

누구나 사랑에 빠지면 자연스레 그 사람과의 연애를 꿈꾸곤 한다. 연인이 되어 얼굴을 마주 보며 웃고 있는 서로의 모습을 그려 보기도 하고 아무 말 없이 나를 안아 주는 상대의 품을 상상하기도 하며 달콤한 행복감에 빠져들게 된다.

사랑이란 참으로 사람을 강하게 만들다가도 바보로 만드는 신비로운 감정인 듯하다. 그러나 누군가를 사랑하기 전에는 반드시 스스로 확인하고 넘어가야 할 질문이 있다.

당장 사랑에 빠진 사람에게 연애란 두 가지의 결과만 보일 뿐이다. 성공한다. 혹은 실패한다. 그러나 과연 그 사람과의 연애에만 성공하면 모든 게 행복해질 수 있는 걸까? 그건 모르는 일이다. 오랜 시간 짝사랑해 온 사람과 어렵사리 연애를 시작했는데 온갖 실망만 하고 돌아서 버렸다는 일화도 있으니까.

참 이상하게도, 분명 사랑이 시작되기 전에는 그 사람만 있다면 모든 게 행복해질 줄 알았는데 막상 만나 보니 그게 아니었던 거다. 왜 이런 일이 벌어지게 되는 걸까? 바로 질문에 대한 답을 찾지 못한 채 연애가 시작됐기 때문이다. 사랑이 시작되기 전 나에게 해야 할 질문. 그것은 '저 사람이 과연 내가 원하는 걸 해줄 수 있는 사람인가.'이다.

만일 당신도 누군가를 마음에 담고 있다면 아주 잠시라도 좋으니 낭만적인 상상을 멈추고 이성적인 마음으로 그와 하나 된 나의 모습을 그려 봤으면 한다.

연애란 단순히 시작되었다고 해서 '두 사람은 오래오래 행복하게 살았답니다.' 하며 끝나는 예쁜 동화가 아니다.

Chapter II

사랑하면서 놓치지 말아야 하는 것들

024
너무 많은 걸 희생할 필요는 없다

사랑하는 사이라면 마땅히 서로의 아픔을 공유하고 이해할 수 있어야 한다.

힘들 때 서로가 서로에게 더 큰 힘이 되어주는 것. 어쩌면 그것이 사랑이 가진 가장 위대한 힘일지도 모른다. 그러나 사랑한다는 이유만으로 상대의 모든 아픔과 상처를 다 떠안아 줄 필요는 없다.

간혹 사랑에 빠졌다 하면 너무 과하다 싶을 정도로 상대에게 모든 걸 해 주는 사람이 있다. 물론 어떠한 부분에 있어 내가 비교적 더 여유로운 상황이라면 먼저 다가가 양보하고 배려하는 것이 맞겠지만, 안아주는 것도 내 팔이 닿는 곳까지만이면 충분하다.

만약 현재의 나도 힘들고 지쳐있는 상황이라면 억지로 무언가를 더 해주려 하지 마라. 당장 나조차 돌보고 있지 않으면서 무엇을 더 떠안고 가려고 하는가.

배려도 과하면 탈이 난다.

너와 나, 우리 모두를 끌고 갈 만큼의 여력이 되지 않는다면 부디 무리하지 않길 바란다. 진정 상대가 나아지길 바란다면 넘어질 때마다 일으켜 주는 게 아니라, 따뜻한 말과 눈길로 응원해 주고 믿어 주어라. 장기적인 관계를 위해서도 그게 더 효율적인 선택이다.

사랑에 너무 많은 걸 희생할 필요 없다. 무리한 배려 뒤에 남는 건 끝없는 보상심리일 뿐이다.

025
보이는 것만 믿어라

누군가를 만나는 과정에서 가장 주의해야 하는 건, 그 사람의 아픈 과거나 상처에 지나치게 동요하지 않는 것이다.

지금 만나는 사람이 과거에 어떤 일을 겪으며 마음에 큰 상처를 입었다면 참으로 안타깝고 가슴 아픈 일이나, 단순히 그 이유만으로 현재의 모든 행동을 정당화할 수는 없다.

사랑하는 사람의 아픔을 감싸주며 함께 성장해 나가는 것은 그 자체로 눈물 나게 아름다운 일이다. 그러나 아픔을 감싸주는 것에도 적당한 선이 있다.

우리가 연애를 하는 이유는 누군가를 위해서가 아니라 자신이 행복해지기 위함이라는 사실을 잊어서는 안 된다. 애인이라는 이유로 상대의 모든 상처를 무조건 이해하고 수용해야 할 의무가 당신에게는 없다.

지나치게 감정에 동요한 나머지 본인이 누려야 할 것들을 쉽게 버리고 양보하지 마라. 그가 과거에 무슨 일이 있었고 앞으로 무슨 일을 할 것인지는 크게 중요하지 않다.

중요한 건 그가 현재 나에게 어떻게 하고 있는가, 이다. 눈앞의 상황에만 집중해야 한다. 신뢰는 보이는 데서부터 믿음을 줄 때 쌓이기 시작하기 때문에.

과거의 상처가 현재의 실수를 만회하는 면죄부는 아니다

핑계대지도 말고 속지도 마라

잘못한 건 그냥 잘못한 거다

026
사랑한다고
하나가 되는 건
아니다

어딜 가나 항상 사람을 피곤하게 만드는 사람이 있다. 연인이라는 이유로 혹은 친구라는 이유로, 상대에게 너무나 많은 걸 의지하려는 사람. 우린 남보다 더 특별하니까 서로에게 비밀도 없어야 하고, 매일 같이 있어야 하며, 사소한 것 하나하나까지 전부 이해해 주기를 바라는 사람. 마치 사랑하면 두 사람이 하나가 되어야 한다고 생각하는 거 같은 사람.

하지만 정말 그럴까? 정말로 사랑하면 두 사람이 하나가 될 수 있을까? 내 생각은 조금 다르다. 하물며 같은 엄마 뱃속에서 태어나 평생을 함께 자란 쌍둥이도 성격 차이를 겪는데, 어떻게 몇 십 년을 서로 다른 문화와 가정 속에 자란 두 사람이 하나가 될 수 있을까.

사랑이란 서로 다른 두 사람이 하나가 되어가는 과정이 아니다. 이미 다른 둘이 서로를 인정하는 과정이다. 나와 생각이 조금 다르다고 하여 그 사람을 무조건적으로 내게 맞추려고 하지 마라. 나 역시 억지로 맞춰지려 해선 안 된다.

때로는 빈틈없이 뜨거운 사랑보다, 멀찍이서 서로를 바라보는 잔잔한 사랑이 더 큰 파급력을 가진다.

027
안정적인 연애를 위한 조건

안정감 있는 연애가 안 된다는 이들의 공통점은 본인부터가 안정이 되어 있지 못하다는 것이다. 연애를 오래 지속하기 위해서는 보통 두 가지의 안정이 준비되어야 한다.

① 재정적 안정
② 정서적 안정

물론 재정의 문제야 각자가 처한 상황이나 나이에 따라 이해할 수 있는 면이 있다고 해도 정서의 안정은 상황과 나이를 떠나, 조금이라도 모자라면 쉽게 관계가 흔들거릴 수 있다는 점에서 볼 때 훨씬 더 중요한 조건이라고 할 수 있다.

그러므로 우리는 연애를 하는 중간중간에도 최대한 나의 정서적 안정을 찾기 위해 노력해야 한다. 애인과의 데이트를 제외하고도 내가 온전히 몰입할 수 있는 또 다른 매개체를 만들어 보아라. 운동, 공부, 독서, 취미, 일…… 그러한 자기 계

발이 우리를 정서적으로 안정시켜 줄 거다.

한 사람에게 너무 많은 양의 에너지가 쏠릴 때 발생하는 현상이 집착과 불안이니, 그곳에서 벗어나고 싶다면 먼저 지금의 에너지를 다른 곳으로 돌리는 연습을 해야 한다.

그런 관점에서 봤을 때 집착과 불안 역시 그만큼의 에너지를 가지고 있기 때문에 가능한 것이라, 결코 당신이 여리고 약해서만 생기는 현상은 아닌 거 같다.

028
가끔은
혼자 있을 줄도
알아야 한다

불안형 연애 스타일이 고민이라는 사람들에겐 크게 두 가지 특징을 발견할 수 있다.

① 필요 이상으로 생각이 많다.
② 혼자만의 시간을 보내는 데 어색하다.

얼핏 보면 이 두 가지는 서로 다른 문제인 듯 보이지만 실은 하나로 연결된 문제다.

혼자만의 시간을 보낼 줄 모르면 생각이 많아진다. 연인이나 부부라고 해서 모든 시간을 늘 함께해야만 하는 건 아니다. 말 그대로 가끔은 혼자 있을 줄도 알아야 한다. 어쩌면 누군가가 옆에 없는 온전한 나 혼자만의 시간이 진짜 내 모습을 들여다볼 수 있는 유일한 '나만의 시간'일지도 모른다.

그러니 부디 그 소중한 시간을 불안에 떨며 흐지부지 흘려 보내지 마라. 당장은 혼자 있다는 사실 자체가 어색하고 낯설겠지만, 누군가에게 의지하는 마음을 버리고 혼자만의 시간을 배워 간다면 당신의 자존감도 몰라보게 높아질 것이다.

책을 읽고 영화를 보고 맛있는 것도 먹으며 나를 가장 편안한 상태로 만들어 주자. 그동안 연애하랴 일하랴 고생한 나를 충분히 쉬게 해주는 것이다.

불안해하지 마라.
혼자 있는 시간도 그리 나쁘지만은 않다.

029
상대에게 항상 1순위가 될 필요는 없다

사랑을 하다 보면 나도 모르게 종종 잊게 되는 사실이 있다. 바로 나의 애인은 나만의 것이 아니라는 사실이다. 연애라는 프레임을 벗어나 우리의 삶 전체를 본다면 결국 여자친구, 남자친구라는 관계 역시 우리가 살아가며 마주치는 수많은 인간관계 중 하나일 뿐이다.

즉, 아무리 사랑하는 사이라 할지라도 서로가 오직 서로만을 위해 살아갈 수는 없다. 그도 누군가의 소중한 친구이자 선배이고 후배다. 아울러 그에 따른 각각의 관계마다 마땅히 수행해야 할 역할 또한 있다.

단지 그가 나의 애인이라는 이유 하나로 나에게만 집중하길 원한다면, 그것은 썩 아름다운 관계가 아니다. 그가 다른 관계들에 비해 우리의 관계를 소홀히 하는 것도 아니라면, 두 사람을 제외한 서로의 나머지 인간관계 역시 마땅히 이해하고 이해

받아야 하는 부분이다.

그에게 항상 1순위가 될 필요는 없다.
1순위가 되지 못해 안달을 낼 필요도 없다.

중간중간 불안해지는 감정이야 들 수 있겠지만 크게 연연하지 마라. 냉정하게 말해, 내가 조금 힘을 푼다고 끝나게 될 사랑이었다면 어차피 오래 못 가 막을 내리게 될 얕은 관계였을 뿐이다.

030
기쁨은 나누면 자랑이고
슬픔은 굳이 나눠 주지 마라

"기쁨은 나누면 두 배가 되고 슬픔은 나누면 반이 된다."

아주 어린 시절, 학교에서 처음 이 말을 배웠을 때는 뭔가 따듯하고 위로를 준다고 생각했지만, 시간이 갈수록 점점 이해가 되지 않았다.

물론 기쁨은 나눌 때 두 배가 된다. 슬픔 역시 나눌 때 반이 된다. 아니 어쩌면 아예 사라져 버릴 수도 있다. 그러나 기쁨을 나눠 받는 그 반대의 입장에서 생각해 보면, 현재 나의 기쁨을 전해 듣는 상대가 썩 기쁜 상태가 아니었을 때, 그 기쁨은 은근한 자랑이 될 수 있다. 슬픔이 반이 되는 것 역시 그만큼의 슬픔을 상대에게 짊어지게 했기에 반이 될 수 있었던 거다.

가령 연인 사이에도 유독 안 좋은 일이 있을 때마다 미주알고주알 현재의 심정을 토로하고 슬픔과 우울감을 나눠 주려는 사람이 있다. 사랑하는 사람끼리 서로 의지하고 감정을 교류하는 것 자체가 잘못되었다는 말은 아니다.

단, 사랑하는 사람이라고 해서 무조건적으로 나의 상태를 케어하고 공감해야 할 의무는 없다. 상대도 완전한 인간이 아니기에, 아무리 사랑하는 사람이라도 어쩔 때는 그 슬픔이 버겁고, 어쩔 때는 그 기쁨이 부럽다.

그러니 가까운 사이일수록 기쁨은 상황을 봐 가며 이야기하고, 슬픔은 어딘가에 쌓여 터져 버릴 것 같은 상태가 아닌 이상, 혼자 떠안을 줄 아는 자세 또한 내 사람에 대한 배려이자 내 자신이 성숙해지는 과정이라고 생각한다.

외부로부터 갈채만 구하는 사람은
자신의 모든 행복을 타인에게 맡긴 채 살아간다

_ 데일 카네기

031
싸울 때 싸우더라도

전혀 다른 환경에 살아가던 두 사람이 만나서 사랑하는 이 과정에 어찌 충돌이 없을 수 있겠는가.

어떤 날은 답답한 마음에 언성이 높아지기도 하고, 어떤 날은 짜증이 솟구쳐 눈물이 터져 나오기도 할 것이다. 그래도 두 사람이 티격태격 싸운다는 건 그만큼 서로에 대한 애정이 있기 때문이다. 애정이 없다면 싸움조차 포기하게 될 테니 말이다.

그런데 그 싸움의 빈도가 너무 잦아진다면 마냥 좋은 신호라고 보긴 어려워진다. 싸움이 애정의 척도라고는 해도, 반복되는 마찰은 결국 서로의 마음에 상처를 남기기 때문이다. 그렇다면 조금 더 현명하게, 싸우지 않으면서 문제를 해결할 방법은 무엇일까?

화의 원인을 생각해 보는 것이다.

쉽게 말해 화를 내기 전 아주 잠깐이라도 좋으니, 지금 내가 느끼고 있는 이 울컥함과 짜증이 '정말 이 사람으로 인해 발생한 것인가?'에 집중해 보는 거다.

만약 정말 그의 부주의함이나 실수로 인해 화를 느끼는 것이라면 그때는 당당히 이의를 제기하고 합의점을 찾아가야 하겠지만, 의외로 우리가 느끼는 대부분의 짜증은 내 안에서 혼자 시작된 경우가 더 많다.

나도 모르게 품고 있던, 일에 대한 답답함이나 불쾌한 날씨, 연애 이외의 다른 인간관계에서 밀려오는 스트레스 등이 합쳐져서 더욱 예민해진 것은 아닌지 의심해 볼 필요가 있다는 거다.

싸울 때 싸우더라도 집에 돌아와서 '내가 왜 그랬지?' 하는 생각이 들지 않아야 잘 싸운 거라고 한다.

어느 날 갑자기 애인에게 욱하는 감정이 올라온다면, 그 화의 원인을 찾아보아라. 굳이 화내지 않아도 되는 일이라면 화내지 않는 게 낫다.

서운할 때는 나부터 의심해 보자

사랑을 한다고 해서 모든 순간이 마냥 행복하기만 한 것은 아니다.

때론 내 마음을 몰라주는 상대에게 토라지기도 하고, 때론 이유 없는 우울감이 나를 끝없는 서운함의 바다로 몰아넣기도 한다. 그러나 서운한 상황이 생길 때마다 상대를 다그치며 화를 내는 것은 썩 올바른 태도가 아니다.

지금의 이 서운한 감정이 꼭 그 사람과의 관계 때문만은 아닐 수도 있기 때문이다.

그저 시기적으로 힘들고 불안해서, 혹은 어딘가에 정착하고 싶어서, 나도 모르게 그에게 더 투정을 부리며 의지하고 있었던 것은 아니었는지 생각해 볼 필요가 있다. 그리고 만약 내 안에 조금이라도 그런 감정이 섞여 있었다면, 그것은 현재 내가 불안하다는 증거다.

무언가를 마주하는 게 겁이 나서 자꾸만 내 안으로 숨어 버리고 있는 중인지도 모른다.

내 감정에 속아 서로를 힘들게 하지 마라. 그럴수록 차라리 나에게 돌아와, 자신과 진지한 대화를 해야 한다.

"너 혹시 지금 불안하니?"
"무언가에 지쳐 있니?"

끊임없이 의심해 보길 바란다. 연애를 떠나, 모든 인간관계에는 하나의 비밀이 있다. 관계에서 트러블은 주로 내가 약해질 때 찾아온다는 것이다.

애먼 상대를 괴롭히며 숨지 말고, 스스로 당당해지자. 하루하루 지금의 삶에 최선을 다하는 사람은 결코 사랑에 의지하며 힘들어하지 않는다.

혼자 있을 때조차 괜찮은 척 강한 척할 필요는 없다
울고 싶으면 울고 소리치고 싶다면 소리쳐라
혼자 있는 시간은 그러라고 있는 거다

033
배려해 줄 때 배려받는 것도 배려다

'서로를 얼마나 사랑하는가.'보다 중요한 질문은 '서로를 얼마나 배려하고 있는가.'이다.

지금까지 수많은 연인들의 이야기를 듣고 그들을 지켜봐 왔지만, 서로에 대한 애정이 남다른 연인들도 서로를 배려하는 마음이 밑바탕에 있지 않으면 그 연애는 결코 행복한 방향으로 흘러가지 않았다. 그만큼 배려란 연애에 있어 매우 큰 비중을 차지하는 요소란 것이다.

그런데 꼭 주는 것만이 배려를 뜻하는 건 아니다. 때로는 받는 것도 상대를 배려하는 방법이다. 이해를 돕기 위해 간단한 예를 하나 들어보겠다.

여기 한 커플이 있다. 남자의 직장은 천안이고 여자의 거주지는 서울이다. 그러던 어느 날, 늦은 밤까지 야근을 마치고 퇴근한 남자가 잠깐이라도 좋으니 보고 싶다며 그녀의 집 앞으로

가겠다는 카톡을 보내온다. 아침부터 잘 쉬지도 못해서 피곤할 몸을 이끌고 왕복 4시간이 걸리는 이 먼 길을 달려오겠다는 거다.

이때, 여자가 어떻게 대답해야 남자를 배려하는 것일까?

① 너가 너무 피곤해서 안 돼.
② 난 마음만으로도 충분해.
③ 오늘은 푹 쉬고 내일 보자!
④ 도착하면 전화해. 준비하고 있을게.

정답은 4번이다.

오고 싶다면 오게 하고, 오기 싫다면 이해하는 것. 이것이 저 예시 속 남자에게 해 줄 수 있는 최선의 배려다.

상대의 마음을 너무 밀어내지 마라. 가끔은 주는 것보다 받는 것이 상대를 기쁘게 하기도 한다.

034
돌려줄 필요는 없어도
알아줄 필요는 있다

무언가를 받으면 어떻게든 갚아야 직성이 풀리는 사람이 있다. 그 대상이 친구가 되었건 연인이 되었건, 절대 신세 지고는 못 사는 성격이 있다. 거저 얻는 호의라고 해서 전부 신세 지는 일은 아닐 텐데 말이다.

물론 나와 일말의 유대감도 없는 사람이 베푸는 호의라면, 고맙지만 조금 부담스럽기도 하다. 어딘지 모르게 불편하고, 괜히 덥석 받았다간 나도 무언가를 해 줘야 할 것만 같은 마음이 들 때도 있으니까. 이런 상황에서의 호의는 정중히 거절할 줄도 아는 것이 인간관계의 스킬이다.

그러나 이미 나와 충분한 유대감 안에서 친하게 지내고 있는 사람에게까지 거절로 선을 그을 필요는 없다. 특히나 그 대상자가 단순한 친밀감을 넘어, 나와 모든 걸 공유하는 연인 사이라면 더더욱 호의를 호의로 받을 줄 아는 자세가 필요하다고 생각한다.

받았다고 해서 너무 미안해하거나 무조건 되돌려 주려고 하지 마라. 사랑은 잠시 빌려다 쓴 호의가 아니니까. 그저 이 사람의 정성에 고마워하고, 나를 생각해 주는 마음에 반응해 주면 상대는 그것만으로도 충분히 행복해질 수 있다. 앞에서 직접 표현하는 것이 쑥스럽다면 편지를 쓰거나 메시지를 보내는 것도 좋은 방법이다.

다만, 받는 것을 당연하게 여기지는 마라. 지금의 당신이 받고 있는 사랑은 결코 당연한 마음이 아니니까. 한없이 나를 아껴주고 사랑해 주는 그 마음에 언제나 고마움을 표현해 준다면, 어느 누가 감히 그런 사랑에 이별이 찾아온다 말할 수 있겠는가.

좋아한다는 말의 의미는
대가를 지불하겠다는 뜻이요

사랑한다는 말의 의미는
대가를 대가로 여기지 않겠다는 뜻이다

035

**기념일은
사랑을 평가하는
날이 아니다**

　100일, 200일, 300일, 1주년, 2주년, 밸런타인데이, 화이트데이, 기타 등등……. 우리나라 연인들에게는 기념일이 참 많다. 물론 기념일은 지금의 연애에 더욱 활력을 불어넣어 주는, 의미 있는 이벤트이며 예쁜 그림이다. 그러나 기념일은 그저 기념일일 뿐, 그것이 지금의 사랑을 평가하는 잣대가 되어서는 안 된다.

　평소에는 소홀히 하다 기념일에만 특별한 것을 해 준다고 좋은 사람이 아니듯, 평소에 온 마음과 정성을 다하던 사람이 기념일을 소홀히 여겼다는 이유로 그 사람의 사랑 전체를 부정할 수는 없다.

　사실 연애를 하며 특별한 날, 특별하지 않은 날이 따로 있을까? 하루하루 최선을 다해 사랑하는 연인이라면 함께하는 모든 날이 기념일이자 의미 있는 하루일 거다.

　내 곁에 있는 이 사람이 나를 얼마나 사랑하는지가 궁

금하다면 돌아오는 기념일을 기다리지 말고, 평소 나에게 어떤 태도로 어떤 말을 하는지에 집중해 보시기 바란다.

당신 역시, 사랑하는 사람과 더욱 깊이 있는 관계가 되고 싶다면 기념일에 잘해 주겠다는 생각으로 에너지를 아끼지 마라. 매순간 최선을 다해 사랑하라.

036
대가 없이 주는 선물은
주는 사람도 행복해진다

회사를 다닐 때의 일이다. 그날도 부랴부랴 업무를 마치고 퇴근을 서두르던 차에, 친한 선배가 뜻밖의 부탁을 해왔다. 오늘이 여자 친구와의 기념일이라 꽃다발을 사다주고 싶은데, 혼자 꽃가게에 들어가는 것이 창피하다며 괜찮다면 가는 길에 함께 꽃집에 들러서 꽃을 골라줄 수 있겠느냐는 부탁이었다.

평소 화초나 꽃에 관심이 많았기에 흔쾌히 그러자고 했다. 우리는 인근에 있는 가장 유명한 꽃집에 갔고, 나는 무난하면서도 예쁜 꽃을 골라드렸다. 나름대로 심혈을 기울여 고른 꽃이라, 여자 친구 분의 반응이 내심 궁금했다. 다음 날, 주책없게도 아침부터 선배 자리로 찾아가서 물었다.

"형, 어제 여자 친구가 꽃 뭐래요?"
"야, 뭐 하러 이런 데 돈 썼냐고 혼만 났다."
"아, 취향이 아니셨나……. 그래도 어제 형이 고생해서 사다 준 건데."

"하하. 야, 그래도 이 나이에 꽃 사다 줄 사람이 있다는 게 얼마나 좋냐."

아무렇지도 않게 진심으로 웃고 있던 그 선배의 모습이 지금도 잊히지 않는다.

예쁜 꽃을 받은 그녀가 어떤 반응을 보일지에만 관심 있던 나와는 달리, 선배는 꽃집에 들어가 그녀를 위한 꽃을 고르고 전해주는 그 모든 과정에 이미 만족하고 있었다. 꽃을 받은 그녀가 어떤 리액션을 하고, 어떤 보상을 돌려줄 지에는 애초에 관심이 없었던 것이다.

대가를 바라지 않고 주는 선물은, 주는 사람의 마음까지 채워 버린다는 사실을 처음으로 알게 된 하루였다.

037

상대를 가장 빠르게
변화시키는 방법

    칭찬은 고래를 춤추게 하고, 인정은 그 고래에게 노래까지 부르게 만드는 가장 긍정적인 화법이라고 할 수 있다. 그러나 무조건적인 칭찬과 인정이 반드시 좋은 것만은 아니다. 칭찬에도 기술이 있다. 단순히 잘한다, 잘한다 해 주는 게 꼭 정답은 아니라는 거다. 상대의 어떤 부분을 어떻게 칭찬하느냐에 따라 당신은 상대를 거만하게 만들 수도 있고 좋은 쪽으로 변화시킬 수도 있다.

    평소 남녀 관계를 주제로 한 콘텐츠를 다루다 보니 많은 양의 고민 사연을 받게 되는데, 하루는 메일함에 이런 고민이 들어있었다.

    "작가님의 영상을 보고 지금 만나는 사람의 단점을 고쳐보려 정말 성의껏 그의 장점을 칭찬했는데 결국 아무것도 나아지지 않았어요. 뭐가 잘못된 걸까요……."

잘못된 건 없다. 상대를 비꼬는 식의 칭찬만 아니라면, 연인 간에 칭찬은 많으면 많을수록 좋다. 다만 이 사연자 님의 경우는 상대를 바꾸는 요령이 부족했던 것이다.

진정 상대를 변화시키는 칭찬은 따로 있다. 그의 장점을 칭찬하기보다는 내가 원하는, 다시 말해 현재 그에게 없는 장점을 미리 앞당겨 칭찬하는 것이다.

예를 들어, 평소에는 다 좋은데 때때로 욱하는 습관을 가지고 있는 애인이 있다고 가정해 보자. 당신이라면 이 사람을 어떤 식으로 칭찬해서 어떻게 변화시키겠는가.

"너는 정말 자기관리가 대단하구나?"
"오늘 스타일이 너무 좋은데?"
"너는 어쩜 그리 멋있어?"

물론 이런 유의 칭찬은 당장 상대의 기분을 좋게 만들 수는 있다. 그러나 결과만 두고 본다면 상대의 기분은 좋게 해줬을지언정, 그는 결국 지금의 욱하는 버릇을 고치지 못할 것이다.

만약 당신이 진짜로 그를 변화시키고 싶다면, 현재 그가 가지지 못한 부분을 미리 칭찬해야 한다. 이렇게 말이다.

"사람들은 너에게 욱하는 버릇이 있다고 하지만, 내 생각은 좀 달라. 넌 늘 차분하고, 모든 걸 이성적으로 대처하려는 거 같아서 그런 부분이 정말 믿음직해."

이와 같은 칭찬을 꾸준히 반복했을 시 상대에게는 어떤 일이 벌어지게 될까? 놀랍게도 어딜 가건 늘 작은 일에도 욱하기만 했던 그 사람이 최소한 당신 앞에서만큼은 정말로 이성적인 태도를 유지하려 노력하기 시작한다.

왜 그럴까? 바로 지금의 당신을 실망시키고 싶지 않기 때문이다. 앞으로도 당신에게 지금처럼 인정받기 위해서, 그는 당신이 좋아해 주는 지금의 모습을 지키려고 노력하게 되는 거다.

이것이 진정 상대를 내가 원하는 방향으로 변화시키는 칭찬의 기술이다. 진정 상대를 변화시키는 칭찬의 핵심은 상대로 하여금 늘 자신이 받고 있는 칭찬과 인정에 책임을 갖게 하는 것이다.

나그네의 옷을 벗긴 것은 차가운 바람이 아닌 따스한 햇살이었다고 한다. 부디 지금의 당신도, 당신이 사랑하는 그 사람도 서로가 원하는 모습으로 아름답게 성장해 나가길 바란다.

서운함이라는 감정 이면에는
나도 그만큼 바라는 게 있었다는 의미가 숨겨져 있다

내 연애는
내가 제일 잘 안다

주변 사람의 조언이 잘못된 길을 알려줄 때가 있다.

"그건 네가 잘못한 거다."
"그 사람이 이상하네."
"일단 아무 말도 하지 말고 기다려 봐."

때로는 제삼자가 내가 미처 놓치고 있던 부분을 잡아 주는 길잡이 역할을 해 줄 수도 있지만, 그럼에도 지인들의 조언에 지나치게 의지해서는 안 되는 이유가 있다.

아무리 연애에 내공과 식견이 뛰어난 사람일지라도 그 사람은 내가 아니다. 이 관계 안에 직접적으로 들어와 본 사람도 나밖에 없다. 그런데 왜, 그 관계를 제대로 겪어보지 못한 이들에게 우리 관계의 방향키를 맡기려 하는가.

누가 뭐래도 내 연애는 내가 제일 잘 안다.

연애에 문제가 생겼다면 애인과 이야기를 하라. 안에서 발생한 문제는 결코 밖에 있는 사람이 해결해 주지 않는다.

039
하나의 거짓말은
열 개의 거짓말을
만들어 낸다

한번 시작된 거짓말은 또 다른 거짓말을 불러온다. 그래야만 상대를 속이는 일이 한층 수월해지기 때문이다. 당연히 거짓에 속는 사람도 힘들겠지만, 거짓을 말하는 사람도 언젠가는 들키지 않을까 하는 마음에 끊임없이 불안해진다는 것이 거짓말이 가진 가장 큰 함정이다.

꼬리가 길면 결국 밟히기 마련이다. 그때가 되어 사과하고 설명해 봐야, 한번 무너진 신뢰는 다시 전처럼 되돌릴 수 없을 것이다. 되돌린다고 하더라도 무너진 신뢰를 다시 쌓아올리는 일이란 처음보다 수백 배, 아니 어쩌면 그 이상의 노력이 들어갈 수도 있다. 그러니 후회할 짓은 하지 않길 바란다.

정 속여서라도 해야만 하는 일이 있다면 그냥 당당하게 말하고, 말해서 안 된다면 부딪히고 충돌해서 조율하는 쪽이 두 사람을 위해서라도 더 현명할 거다. 그 과정이 귀찮아서 대충 속여 넘기다 꼬리라도 밟히는 날엔 정말 돌이킬 수 없는 상황이 만들어질 수도 있다. 아직 안 들켰다고 좋아하지 말고, 지금이라도 눈치껏 자수해서 광명 찾자.

거짓말을 들키는 순간, 신뢰는 완벽하게 무너진다.

이미 깨진 신뢰를 다시 회복하는 일이란
상상 이상으로 고통스러운 작업이다

부디 그 통증을 견뎌 낼 자신이 없다면 놓아 버리자
괴로운 것보다는 차라리 외로운 게 낫더라

040
장거리 연애가 힘든 당신에게

매일 붙어 있고 싶은 마음은 사랑에 빠진 모든 연인의 소망이다. 그러나 때론 두 사람의 의지와는 관계없이 그 소망이 마음처럼 되지 않는 경우가 있다. 대표적으로 서로의 물리적인 거리가 너무 멀어졌을 때 하게 되는 장거리 연애가 이에 해당한다.

특히 갑작스러운 출장이나 남자친구의 입대 문제와 같은, 미처 준비되지 못한 장거리 연애는 거리가 멀어짐에 따라 상대의 마음도 멀어지는 게 아닌가 하는 불안감을 불러온다. 그래서 누군가는 장거리 연애가 이별보다 괴롭고 힘들게 느껴지기도 할 것이다.

그렇다면 정말 눈에서 멀어지면 마음도 멀어지게 되는 걸까? 꼭 그렇지는 않다. 그것은 평소에 두 사람이 얼마나 자주 소통을 하고 있었는가에 따라 달라지는 일이다. 자주는 못 만난다고 할지라도 꾸준히 연락을 주고받으며 서로의 일상을 공유하기 위해 노력한다면, 그 두 사람의 공백은 오히려 서로를 더욱 소중하게 느낄 수 있게 해주는 터닝 포인트가 될 수도 있다.

자주 볼 수 없다고 너무 불안해하지 마라. 아무런 소통도 없이 눈에서 멀어졌을 때 마음도 식어가는 것이지, 서로가 부단히 노력한다면 아무리 물리적 거리가 멀어진다 한들 심리적 거리는 멀어지지 않는다. 하물며 친구 관계도, 너무 꼭 붙어 있는 친구보다는 적당히 거리를 두는 친구가 오래가듯, 떨어져 있는 시간은 두 사람의 충돌을 억제하는 완충제 역할이 되어 주기도 한다.

진정으로 그 사람과 오래가고 싶다면 자주 볼 수 없는 현실에 마냥 아쉬워하기보다는, 내가 늘 너의 옆에 있다는 느낌을 심어줄 수 있도록 연락과 소통에 꾸준히 힘써 보기 바란다.

어쩌면 눈에서 멀어진 지금의 시기가 마음으로는 더욱 가까워질 수 있는 믿음의 터닝 포인트가 될지도 모른다.

041
믿으라 강요하지 말고
믿음을 주고 믿게 하라

매번 약속 시간에 늦는 사람이 신뢰를 회복할 방법은 무엇일까? 진심으로 사과하고 용서를 구하기? 아니면 정성스럽고 멋진 멘트를 인용해 상대를 감동시키기? 정답은, 그냥 안 늦으면 되는 거다.

믿음을 주는 과정은 이처럼 단순하지만, 철저하게 성과를 통해서만 보여 줘야 한다는 점에서 볼 때 나름의 냉정한 구석이 있다. 말로만 다짐하고 말로만 믿음을 구하는 사람을 온전히 믿어 줄 바보는 세상에 없다. 믿음을 얻고 싶다면 믿을 만한 행동이 따라야 한다.

연애가 길어지면 간혹 서로 간에 크고 작은 오해가 생기기도 하고, 그로 인해 쌓아 왔던 신뢰가 조금씩 흔들리는 일이 생길 수도 있다. 물론 오해는 풀면 되는 것이고 흔들린 신뢰는 다시 제자리로 돌려놓으면 되는 것이나, 그 과정이 결코 말로만 해결되는 것은 아니다. 눈에 보일 정도로 변화하는 모습을 보여주기 전까지 상대는 당신에 대한 믿음을 완전히 굳히지 못할 것이다.

"사랑하면 당연히 믿어줘야지!"라는 식의 연애관은 더 이상 통용되지 않는 시대다. 사랑의 과정 안에서 제대로 된 믿음조차 심어 주지 못한다면, 사랑은 한순간에 무너지고 만다.

말의 힘에는 한계가 있다. 누군가 당신을 진심으로 믿어주기 바란다면 이제는 말이 아닌 행동을 통해 증명하길 바란다.

042
한 번에 해결하려고 하지 마라

연인 간의 충돌에서 가장 중요한 부분은 얼마나 싸우느냐가 아닌 어떻게 싸우고 있느냐다. 가령 한 번의 싸움으로 모든 걸 끝내려는 사람이 있다. 상대가 잘못을 인정했다면 그에 대한 사과를 받고, 이제 다시는 그러지 않겠다는 다짐까지 받아야 후련해지는 거다.

그런데 정말 한 번의 싸움으로 모든 게 바뀔 수 있는 걸까? 어렵다고 본다. 싸움의 끝에 다다라서, 이미 서로 감정이 상할 대로 상한 상태에서 받는 사과와 다짐에 무슨 의미가 더 있을까. 충돌은, 단번에 해결할 수 없다. 상대에게 원하는 게 있다면 차라리 원하는 걸 꾸준히 인지시켜 줘야 한다.

예를 들어 애인이 매번 약속 시간을 어기는 버릇이 있다면, 다시는 늦지 않겠다는 다짐을 받아 내려 하기보다는 '난 기다리는 것이 싫다. 그러니 이제는 일찍 움직여 달라.' 짧지만 단호하게 이 메시지만 딱 전달하고 넘어가는 것이다.

물론 단 한 번으로 큰 변화가 찾아오지는 않겠지만, 원하는 게 있다면 주기적으로 원하는 방향을 제시할 줄 알아야 한다. 본인이 알아서 눈치를 볼 수 있도록. 본인이 알아서 움직일 수 있을 때까지. 당연히 그 과정이 쉽지만은 않을 것이다. 누군가를 변화시킨다는 것은 생각 이상으로 많은 에너지와 공이 필요한 작업이기 때문이다. 그 시간을 견딜 만큼 상대를 사랑하지 않는다면 정리하는 게 답일 테지만, 정말 사랑한다면 조금만 기다려 줘라.

당신을 진심으로 생각하는 사람이라면, 당신의 바람에 천천히 보답해 줄 거다.

사람은 충분히 변할 수 있다

다만 변해야 할 정도의 가치를 느끼지 않아

변하지 않고 있는 것일 뿐이다

043
가스라이팅이 뭔가요?

의외로 많은 사람이 가스라이팅의 뜻을 모른다. 일반적으로 가스라이팅이라 하면 그저 상대를 괴롭히는 것, 나쁜 남자, 나쁜 여자 정도로만 인지하고 있어서, 본인이 가스라이팅을 가하거나 당하고 있어도 그게 가스라이팅인지도 모르고 넘어가는 경우가 많다.

가스라이팅이란 심리학에서 처음 파생된 용어다. 그 뜻을 정의하자면 상대의 상황이나 심리를 조작하여 그가 자기 자신을 의심하게 만든 후에, 심리적으로 약해진 상대를 지배하는, 일종의 정신적 학대를 일컫는 말이다.

이를 조금 더 쉽게 정의하자면 '나의 자존감을 위해 남의 자존감을 갉아먹는 행위'이다.

예를 들어 상대에게는 당연하다는 듯 희생을 바라면서도 정작 본인은 아무것도 희생하려 하지 않는 태도나, 은연중에 상대를 무시하며 자신을 치켜세우려는 태도 등이 가스라이팅의 범주에 해당하는 것들이다.

간혹 이와 같은 가스라이팅은 연인 사이를 떠나 직장 동료 혹은 친구 사이에서, 경우에 따라선 부모 자식 간에도 존재할 때가 있다.

만일 지금 나도 누군가에게 가스라이팅 당하고 있다는 생각이 든다면 반드시 이 3가지를 기억해야 한다.

① 의사 표현은 분명하게 할 것
② 유머를 핑계로 나를 깎아내릴 때는 웃어주지 말 것
③ 진정으로 내가 원하는 게 무엇인지 알 것

이것이 바로 우리를 둘러싼 수많은 가스라이팅에서 빠져나와, 자기 자존감을 지킬 수 있는 방법이다. 단호하게 말하건대, 아무런 희생도 없이 상대에게 무언가를 바라는 사람은 더 이상 당신을 소중하게 대해 줄 수 있는 사람이 아니다. 그저 자존감 낮고 겁 많은 사람일 뿐이다.

그나마 남아있던 나의 마지막 자존감마저 바닥나기 전에 어서 정신 차리고 본래의 자리로 돌아와 본인을 지켜주길 바란다.

044
을이 되는 것에 중독되지 마세요

희한하게 연애만 하면 소위 '쓰레기'만 골라 만나게 되는 사람이 있다.

정작 본인은 답답하다 할지언정 이와 같은 고민을 가진 사람들 대다수의 공통점은 본인이 본인도 모르는 채 쓰레기만 찾아다니고 있다는 것이다.

연애에 있어 갑과 을을 따지는 것이 올바른 표현은 아니지만, 굳이 따져야 한다면 그 기준은 간단하다. 더 아쉬운 쪽이 을이고, 덜 아쉬운 쪽이 갑이다. 더 맘고생 하는 쪽이 을이고, 덜 맘고생 하는 쪽이 갑이다.

물론 연인이라는 관계의 특성상, 상황에 따라 갑이 되는 날도, 을이 되는 날도 있다. 그러나 을이 되는 기간이 너무 길어져서는 안 된다. 을의 감정에 중독되어 버릴 수 있기 때문이다.

달콤함과 짜릿함은 긍정적인 상황 안에만 있지는 않다. 끊임없이 안달 나고 애가 타고 불안할 때만 느낄 수 있는 자극적인 설렘 또한 짜릿함에 해당한다.

이런 식의 사랑에 길들여지면 나중에는 그렇게 상처를 받았으면서도 또다시 나를 안달 나고 애타게 하는, 다소 위험한 기질을 가진 사람에게 눈이 가게 되는 것이다.

이것이 바로 연애만 했다 하면 쓰레기를 만나게 된다는 사람들의 궁극적인 문제점이자 딜레마다. 부디 을이 되는 것에 중독되지 마라. 연애에 있어 나쁜 남자, 나쁜 여자란 존재하지 않는다. 나를 막 대하고 함부로 여기는 사람만 존재할 뿐이다.

045
그놈의 여사친
그놈의 남사친

연인들에게 있어 상대의 여사친이나 남사친에 대한 고민은 아마 지구상에 연애라는 개념이 완전히 소멸하기 전까지는 영원한 딜레마일 것이다. 아무리 나를 만나기 전부터 알고 지낸 친구라고는 하나, 내가 사랑하는 사람 옆에 내가 아닌 다른 이성이 있다는 것 자체가 신경 쓰인다.

그렇다고 무작정 그 사람에게 친구 관계를 끊어 달라고 요구하는 건 자칫 집착으로 비칠까 봐 걱정되고, 가만히 지켜만 보자니 짜증은 나는데……. 몹시 난처하고 애매한 상황이 아닐 수 없다.

도대체 그놈의 여사친, 남사친이 뭐길래 이렇게까지 신경이 쓰이는 걸까? 혹시 이러한 부분에 있어 쿨하게 대처하지 못하는 나에게 문제가 있는 건 아닐까?

결론부터 말하자면, 이건 상대방의 잘못이다.

물론 애인이 있다는 이유로 모든 이성 친구를 끊어내야 할 의무는 없다. 애인은 애인이고 친구는 친구로서, 각자 다른 가치로 존재하는 거니까. 단, 그 친구 관계로 인해 애인이 곤란을 겪는 상황이 반복된다면 그것은 반드시 바로잡고 가야 하는 부분이 맞다.

유명인들은 '유명세'가 따른다. 유명할수록 치러야 할 세금이 있다는 뜻이다. 마찬가지로 연애에 있어도 '연애세'라는 것이 있다. 사랑한다면 마땅히 치러야 할 대가가 있는 법이다. 사랑하는 이가 생겼다면 다른 이성들과의 관계는 자연히 소원해질 수밖에 없다. 그것이 지금 만나는 사람에 대한 최소한의 매너이며, 일말의 걱정을 덜어 주는 배려인 것이다. 친구와 우정을 둘 다 지키고 싶다면 어떻게든 양쪽 모두를 이해시켜야 한다.

만약 그럴 자신이 없다면 둘 중 하나는 포기해라. 연애에 따르는 세금이 너무 비싸다면 연애를 안 하면 된다. 세상에 어느 누가 친구와 애인을 동등하게 생각하는 사람에게 믿음과 사랑을 줄 수 있을까.

나만 놓으면 바닥으로 떨어질 거 같은

관계를 붙잡고 있는 것은

감정 낭비를 떠나 인생 낭비다

046
용서했다면
들춰내지 마라

연인 간의 싸움이 꼭 나쁜 것만은 아니다. 서로의 마음을 할 퀴고 상처를 주는 정도의 싸움이 아니라면, 적당한 충돌은 두 사람이 교제하는 동안 마땅히 거쳐야 할 관례이자 조율이다.

그러나 모든 싸움이 반드시 이런 영양가를 지닌 것은 아니다. 오히려 어떤 싸움은 서로에게 아무런 득이 될 것도 없이 상처만을 제공하기도 하는데, 그 중 대표적인 것이 바로 '이미 지나간 일을 다시 들춰내며 잘잘못을 따지려는 싸움'이다.

물론 이미 지난 일이지만 마음의 앙금은 완전히 가시지 않았을 수 있다. 하지만 그 당시에 서로의 입장에 대해 충분히 이야기했고, 합의점을 찾아서 서로를 용서하고 화해했다면 더 이상 그 문제에 대한 언급은 하지 말아야 한다.

설사 언급한다고 하더라도, 최소한 싸우는 순간에는 꺼내면 안 된다. 감정에 휩쓸려 과거의 일을 들춰내는 순간, 그것은 자첫 그 사람의 약점을 찌르는 공격이 될 수 있기 때문이다. 어느 측면에서 봐도 결코 발전적일 수 없는 형태의 싸움이다.

용서했다면 더 이상 캐묻지 마시고, 용서할 자신이 없다면 억지로 용서한 척 하지 마라. 조금 더 시간이 걸린다고 하더라도, 마음이 가라앉을 때까지 충분한 기간을 두고 다시 타협점을 찾아가라.

047
장난이라도
해서는 안 되는
말이 있다

함께해 온 시간이 긴 커플일수록 서로를 친구처럼 대하는 경향이 있다. 편하게 농담을 주고받고 때로는 짓궂은 장난도 쳐가며 웃고 떠드는, 친구 같은 존재가 되어가는 것이다. 그런데 아무리 두 사람의 관계가 편안함을 넘어 안정감으로 접어드는 단계라 할지라도, 둘 사이에 결코 오가서는 안 되는 게 있다.

바로, 그 사람의 약점을 건드는 장난이다.

물론 한 번 정도는 웃으며 넘어갈 수 있다. 그러나 상대가 웃으며 잘 넘어갔다면 눈치껏 딱 거기까지만 해야 한다. 세상 그 누구도 자신의 콤플렉스를 가지고 기분 좋게 웃을 수는 없다. 분명 본인은 그런 의도가 아니었다 한들, 앞으로도 계속 이런 장난이 이어진다면 상대의 자존감에 금이 가기 시작할 것이다.

장난도 뒤돌아 잊어버릴 수 있을 때가 장난이다. 만약 어느 한쪽이 당황하거나 생각이 많아진다면, 그것은 장난으로 포장

된 공격일 뿐이다. 상대가 약점이라 여기는 부분을 애써 감싸 주거나 띄워 줄 필요는 없지만, 함부로 웃음거리를 만들어서도 안 된다.

그리고 만에 하나 나도 모르게 그 사람의 민감한 부분을 건드려 기분을 상하게 했다면, 반드시 그 자리에서 상대에게 사과하고 잘못을 바로 잡아야 한다. 그래야 이후에 불필요한 오해를 피할 수 있다.

비록 가벼운 농담이라도, 말을 뱉으려는 순간 '이 말을 해도 되나?' 하는 생각이 스친다면 그 말은 넣어 두어라. 나에겐 그저 뒤돌면 잊게 되는 장난이 누군가에게는 두고두고 상처가 될 수 있다. 그리고 그렇게 상처받을 그 누군가는 지금 내 옆에 있는, 내가 가장 사랑하는 사람이라는 사실을 잊지 마시길.

048
그 사람의 진가는 설렘이 지나간 이후에 보인다

연애를 하다 보면 지금 만나는 이 사람이 정말 좋은 사람이 맞는지에 대한 의구심이 들 때가 있다.

"아직 나도 모르는 그의 또 다른 모습이 있는 게 아닐까?"

그러나 아쉽게도 그건 당장에 확인할 수 없다. 특히나 이제 막 연애를 시작했거나 아직 썸 타는 단계라면, 상대의 다른 면을 알아내긴 더욱 어렵다. 남녀 관계를 떠나, 모든 관계의 초반에는 누구라도 상대에게 조심하고 신중하기에, 단편적인 부분만을 가지고 쉽게 판단할 수는 없다.

사람의 진가는 초반이 지나간 이후부터 보이기 시작한다.

관계 초반, 서로가 열정적이던 그 시절에 내게 하던 그 정성을 초반이 지난 이후에도 지키려고 노력하는지, 아니면 서로가 편해졌다는 이유로 더 이상 관계에 아무런 노력도 성의도 보이지 않고 있는지. 바로 여기서부터가 그 사람의 진짜 모습을 확인할 수 있는 유일한 구간이라고 생각한다.

그 사람의 진짜 모습이 궁금하다면 연애 초반의 행동만을 가지고 판단하지 마라. 얼마간의 시간이 흘러 설렘이 적당히 식어 갈 무렵, 그때도 상대가 초반의 행동을 지키기 위해 노력하는 모습을 보인다면 온도의 차이는 다소 있을지언정, 그 사람은 충분히 좋은 사람이다.

049
설렘을 대체할 만한
감정을 찾아라

평균적인 연애 기간이 정해져 있는 건 아니지만, 보통 5년 이상 연애를 지속해 왔다면 장수커플이라고 볼 수 있다. 어떻게 그들은 서로만을 바라보며 사랑할 수 있었던 걸까? 그들에겐 만남의 기간과는 상관없는, 영원한 설렘이 지속되고 있는 것일까? 아니다. 슬프지만 설렘의 기간은 정해져 있다. 시간의 흐름에 따라 두 사람의 거리는 더 가까워지고, 거리가 가까워질수록 초반의 설렘과 신비감은 차차 무뎌지기 때문이다.

그렇다면 과연 이미 무뎌질 대로 무뎌진 장수커플이 그토록 오랜 시간 사랑을 유지할 수 있는 진짜 비결은 무엇일까?

설렘을 대체할 또 다른 감정을 찾는 것이다.

이 시대 최고의 남편이라 칭송받는 어느 한 중견배우 역시, 수십 년째 아내를 한결같이 사랑할 수 있는 비결은 아내를 딸처럼 아끼고 사랑하는 부성애라 밝힌 바 있다. 이처럼 누군가와 오래도록 함께하고 싶다면, 설렘에 연연하는 게 아니라 지금의 설렘을 대체할 만한 또 다른 감정을 찾아내야 한다. 그것이 의리이든 우정이든 모성애이든 되었건 말이다.

> 그러니 지나가는 설렘 따위에 너무 연연하지 마라.
> 설렘이 지나간다고 사랑이 저무는 건 아니니까.

설렘이 지나가면

설렘을 대체할 만한 또 다른 감정이 생겨난다

설렘의 크기와 사랑의 크기를 혼동하지 말아라

설렘이 덜 하다고 다 이별하는 거 아니니까

050
새로운 데이트는
새로운 활력을 찾아 준다

같은 일을 하며 같은 장소에 오래 머물다 보면, 어느새 사람의 뇌는 적응을 한다고 한다. 더 이상 같은 일과 같은 장소가 흥미롭지 않게 된 것이다. 심리학에서는 이를 '쾌락 적응'이라고 한다. 그리고 이러한 쾌락의 적응은 예외 없이 우리의 연애 관계에도 지대한 영향을 끼치게 된다.

이 사람과 함께라면 어디라도 즐거웠던 연애 초반을 지나 서서히 관계에 안정기가 찾아오면, 두 사람의 뇌도 어쩔 수 없이 환경에 지루함을 느끼기 시작한다는 것이다. 대부분의 권태기가 시작되는 과정 역시 지루함이라는 것을 감안했을 때, 굴곡 없는 연애를 위해서라도 우리는 새로운 시도를 통해 적응이라는 녀석을 최대한 밀어내는 노력을 해야 한다.

연인 간에 새로운 시도라면 굳이 멀리 갈 것도 없이, 데이트 코스를 바꿔 보는 것만으로도 매우 큰 효과를 볼 수 있다. 매일 같은 장소에서 같은 음식을 먹고 같은 시간에 귀가하는 뻔한 패턴을 피해, 가끔은 새로운 장소에서 안 먹어 본 음식을 먹어 보고, 대뜸 예정에도 없던 여행을 떠나보는 등 평소 두 사람이 해 보지 않았던 새로운 시도를 통해 기존의 패턴을 하나씩 깨 보는 거다.

예전에 '장수 커플 만세'라는, 오래 만난 커플과 부부를 대상으로 한 세미나에 참관할 기회가 있었다. 그곳에서 10년 가까이 연애를 지속하고 있다는 장수 커플부터 결혼한 지 20년이 훌쩍 지난 부부들까지, 참으로 다양한 환경 속에서도 늘 초반과 같은 마음으로 꾸준히 관계를 이어 나가고 있는 멋진 사람들을 만날 수 있었다.

그날 나는 그곳에 모인 연인들의 공통점을 발견했다. 그들은 새로운 시도를 전혀 두려워하지 않았다. 그래서 기회가 될 때마다 안 가 본 곳으로 여행을 떠났고, 되도록 함께할 수 있는 취미를 즐기며 수년 째 서로가 서로의 적응에 맹렬히 저항하고 있었던 것이다.

간혹 연애하다 보면 마음이 뜨는 것과는 별개로 데이트가 즐겁지 않을 때가 있다. 그러나 그럴 때일수록 상대방의 마음이 변했다며 섣불리 걱정하기보다는, 아직 두 사람이 시도하지 않았던 새로운 데이트를 통해 활력을 되찾아 보길 바란다. 두 사람이 함께 도전한다면 사랑에 방해가 되는 지루함 따위, 보기 좋게 날려 버릴 수 있다.

051
권태를 극복하는
가장 현명한 자세

마음이 뜬 것과 권태는 다른 말이다. 마음이 뜬다는 건 이제 무엇을 하건 그 사람과 있는 시간이 지겹고 불편하게 다가오는 것이고, 권태는 반복적인 일상이나 개인이 처한 슬럼프가 연애까지 영향을 미친 것이다.

다시 말해 권태란 상황에 따라 얼마든지 찾아올 수 있는 흔한 현상이므로, 내 연애에 권태가 찾아왔다고 당황할 필요가 없다는 말이다.

상대의 마음을 빨리 되돌리려고 다그치며 보채기보다는, 속 깊은 이야기를 충분히 나눠라. 경우에 따라 시간이 필요하다면 시간을 갖고, 연애 때문에 놓치고 있던 각자만의 삶을 재정비하는데 집중해 보라.

데이트 패턴도 바꿔 보자. 무리해 가며 큰돈을 쓸 것까지야 없지만, 적어도 두 사람이 평소 해 오던 루틴을 벗어나 안 가 본

곳에 가서 안 해 본 일을 시도하며, 새로운 흥미에 눈 뜨는 과정 역시 권태를 극복해 나가는 매우 현명한 태도다.

　　권태를 극복하려면 두 사람 모두의 노력이 필요하다는 점을 기억해라. 그래야 함께 회복하는 것이 가능해진다. 만에 하나 둘 중 한 사람이라도 이 과정을 포기했다면, 그건 단순한 권태가 아닐 확률이 높으니 시간을 갖고 잘 생각해 보길 바란다.

　　관계를 포기한 상대를 붙잡고 노력하는 것은 그저 발버둥일 뿐이다.

052

**헤어진 다음 날
당신은 가장 먼저
무엇을 하겠는가**

한 사람에게 의지하는 시간이 길어지면, 내 안에서 내가 사라지는 혼란스러운 감정이 찾아오기도 한다. 마치 이 사람이 없으면 내 인생의 그 무엇도 의미가 없을 거 같다는 착각을 하게 되는 거다. 참으로 이상한 상황이 아닐 수 없다. 잠시, 이 사람을 만나기 전에 나의 모습을 생각해 보자.

분명 내게는 학교에 다니고 직장을 다니며, 친구를 만나고 취미를 즐기던, 그저 온전한 '나'로서 살아가던 시간이 존재했다. 그런데 어느새 내가 나의 주체였던 과거는 잊은 채 한 사람에게 의지하다가, 결국엔 그가 없으면 나는 아무것도 아닌 사람이 되어버린 거 같다.

혹시 당신도 이와 같은 스트레스를 받고 있다면 나는 묻고 싶다. 당신은 지금의 그 사람과 헤어진 다음 날을 생각해 본 적이 있는가?

없다면 오늘부터라도 생각해 보길. 헤어지라는 말은 아니다. 그 사람을 만나기 전 나의 모습을 잊지 않기 위해, 혹은 되찾아 오기 위해, 그가 없는 혼자만의 시간을 미리 생각해 보는 것은 매우 훌륭한 마인드셋이 될 수 있다.

사랑에 빠지는 것은 아름다운 일이나, 자신을 잊은 채 사랑하는 사람은 행복한 연애를 유지하기 힘들다는 사실을 기억했으면 한다.

헤어진 다음 날,
당신은 가장 먼저 무엇을 하겠는가?

만약 떠오르는 것 하나 없이 눈앞이 캄캄하고 머리가 멍해진다면, 당신도 은연중 본인을 잊은 채로 살아왔을 가능성이 있다.

Chapter III

이별 참

별 거 없습니다

053
평생 후회하는 이별은 없다

이제 막 이별의 문턱을 지난 사람이 있다면 꼭 해 주고 싶은 말이 있다.

"우선, 이별하기까지 정말 고생 많았습니다. 헤어짐의 순간까지 얼마나 많은 생각과 고민이 당신을 잠 못 들게 했을지 알고 있어요. 그 과정을 잘 버텨오셨습니다. 지금 당장은 늘 옆에 있던 사람이 없어졌다는 사실이 크게 실감나지 않을 거예요.

조만간, 그가 없는 당신의 일상에 문득 힘들고 지친 마음이 몰려올 지도 모릅니다. 덜컥 '내가 무슨 선택을 한 거지?' 하는 후회가 밀려올 때도 있을 거고요. 하지만 너무 걱정하지 마세요. 모두 한때일 뿐이니.

잠시 후회하는 시기는 있겠지만, 영원히 후회하는 이별은 없습니다."

안 하던 운동도 갑자기 하면 근육이 놀라 통증이 온다고 한다. 이별도 마찬가지다. 한 사람에게 의지하고 기대어 살던 시간을 지나, 이제는 모든 순간을 나 혼자 지탱해야 하니 안 쓰던 마음의 근육이 놀란 것이다.

걱정 마라. 이내 며칠이면 회복될 거다. 일시적인 증상일 뿐이니 감정적으로 대처하지 마라. 당신이 어떠한 이유로 이별을 결심했든 간에, 이별의 목적이 불행해지기 위함은 아니었으니까. 더 이상 마음 고생하기 싫어서 내린 결정이라는 사실을 잊지 마라.

아름다운 사랑이었건 지독한 사랑이었건 결국 모든 사랑은 지나간다. 잠시 스쳤던 사람일 뿐, 앞으로 펼쳐질 당신의 무수한 날들 속에서 그는 자연스럽게 잊힐 거다.

그러니, 오늘도 대충 정리됐으면 이제 푹 자라.

멍하니 일어나 있을 바엔 차라리 자는 게 낫다.

상처받느라 애쓴 널 안아 주기를

잘 버텼다고 다독여 주기를

세상에 떠밀려 오르막길 오르지 말고

이제 너만의 길을 걸어가길

너는 그랬으면 해

이젠 그랬으면 해

_ 신승훈, 내가 나에게

054

**모든 건 제자리로
돌아온다**

　이별한 사람에게 마음이 어떠냐는 물음이 무슨 의미가 있을까. 함께 했던 시간이, 함께 다녔던 거리가, 함께 들었던 노래가 이제는 고스란히 아픔으로 돌아와 끝없이 나를 괴롭히기만 한다. 입맛도 없고, 하고 싶은 것도 없고, 친구들의 진심 어린 위로조차 들려오지 않는…… 깊은 감정의 밑바닥.

　태어나 처음으로 이별을 경험했던 그해 겨울, 무작정 거리로 나와 길을 걸었다. 문득, 나를 스쳐 가는 저 사람들은 그동안의 이별을 무슨 수로 견뎌 왔을지 궁금했다.

　술을 마셨을까?
　여행을 떠났을까?
　아니면 더 좋은 사람을 만나 잊은 걸까?
　뭐라도 상관없으니 제발 이 마음만 진정시키고 싶다.

　우습게도 이제 와 생각해 보니 과거의 나를 이별의 슬픔에서 꺼내 준 건 술도, 여행도, 새로운 사람도 아니었다. 그저 어느 날 모든 게 제자리로 돌아왔다.

불면증에 시달리며 영원히 잠들지 못할 것 같은 날이 이어지다가 어느 날부터는 깊은 잠에 빠졌다. 온종일 붙잡고 있던 휴대폰에도 더 이상 눈길이 가지 않았다. 지금 뭐라고 하는 건지 이해할 수조차 없었던 친구들의 위로가 들리기 시작한 것도 그쯤이었다.

혼란스러운 마음도 영원할 거 같은 상처도, 결국 모든 건 제자리로 돌아온다.

055 촉에 집중해야 하는 이유

시작과 이별의 차이점.
시작은 소리 없이 밀려오는 반면,
이별은 저마다의 소리를 내며 조금씩 서서히 다가온다.

우리가 흔히 이야기하는 이별 신호가 그런 것들이다. 어느 날부턴가 부쩍 연락이 줄어들고, 관심이 줄어들고, 만남이 소홀해지는 그 모든 것들이 조금씩 다가오는 이별의 신호인 셈이다.

그러나 꼭 이러한 행동 하나하나가 이별을 뜻하지는 않는다. 서로가 처한 상황에 따라 연락은 줄어들 수도 있는 거고, 심적 여유가 없다면 만남이 소홀해지는 것 역시 자연스러운 일이다. 따라서 단순히 이런 요소 몇 가지로 이별을 완벽하게 예측할 수는 없다.

그렇다면 이별을 감지하는 데 있어 가장 정확한 신호가 되는 것이 무엇일까?

놀랍게도 '촉'이다.

뭔지는 잘 모르겠지만, 확실히 두 사람의 관계가 전과는 달라지고 있다는 걸 알아차리는 촉. 자칫 허무맹랑한 말처럼 보일 수도 있지만 이별을 대하는 데에 있어 우리의 촉은 생각보다 강한 신통력을 가졌다. 지금껏 두 사람이 쌓아 온 데이터가 보내는 일종의 경고음 같은 것이다. 지금 무언가가 잘못되어 가고 있으니 어서 빨리 조치를 취해야 한다고 경고하는 비상벨처럼.

그렇기에 한번 안 좋은 촉이 들기 시작했다면 그것을 애써 모른 척 외면하며 혼자 앓고 있어서는 안 된다. 연애란 두 사람이 함께하는 것이기에, 혼자 생각한다고 답이 나오진 않는다.

056 '갑자기'라는 건 없다

이별 사연을 받다 보면 거의 모든 사연에 빠지지 않고 등장하는 말이 '갑자기'다.

"갑자기 헤어지자네요."
"갑자기 변했어요."
"갑자기 연락이 끊어졌어요."

그러나 이별은 '갑자기' 오지 않는다. 당신에게는 어느 날 갑자기 다가왔을지 몰라도, 상대는 관계의 끝을 아주 오래전부터 서서히 받아들이고 있었던 것이다.

만약 당신에게도 어느 날 예상치 못한 이별이 찾아왔다면, 붙잡는 데만 급급해하기보단 연애를 시작할 때의 우리와 지금의 우리를 비교해 보길 바란다. 분명 답은 그 안에 있다.

어쩌면 당신은 이미 알고 있었는지도 모른다. 언제부턴가 그 사람의 행동이 달라지고 있었으며, 어디서부터 안 좋은 촉이 들기 시작했는지.

부정하는 것만으로 해결되는 문제는 없다. 관계의 위기가 찾아왔다면 이제라도 애써 외면하고 있던 그 안 좋은 순간들에 집중해 보아라. 재회를 하건 이별을 하건 상대가 진정으로 바라던 게 무엇이었는지를 알아야 비로소 나의 문제도 보이기 시작한다.

모두 예정된 결과일 뿐 벼락이 치듯 갑자기 돌아서는 마음은 없다.

가슴이 찢어지도록 절절했던 사랑도
시간이 지나면 아련한 추억 혹은 흑역사가 될 뿐이다

057
헤어지자는 말은 무기가 아니다

화가 날 때마다 습관적으로 '헤어지자.'라고 말하는 사람이 있다. 물론 복받치는 마음에 한두 번은 마음에 없는 말을 내뱉게 될 수 있다. 그러나 그 말을 꺼내는 상황이 자주 반복된다면 그건 자신도 모르게 내뱉은 말이 아니다.

이별이 무기가 되어버린 것이다.
꺼내면 무조건 자신이 이긴다는 것을 알고 던지는 무기.

헤어질 마음이 아니라면 이별이란 말은 함부로 입에 올리는 게 아니다. 그 말의 횟수가 늘어날수록 어느새 이별은 정말 가까이 오게 될 테니까.

만에 하나 당신에게도 이 무기를 자주 꺼내는 사람이 있다면, 부디 굳게 마음먹고 헤어지길 바란다. 순간적인 감정에 의해 이별을 말하는 사람이 당신을 진심으로 아껴줄 리 없다.

이별을 수단으로 여기지 마라.
이별을 수단으로 여기는 사람 옆에 오래 머물지도 마라.
사랑을 쉽게 보는 이가 갖기에는 너무나 아까운 당신이다.

058
시간을 갖자면 시간을 줘라

시간을 갖자는 상대에게는 그냥 시간을 줘라. 굳이 그의 마음을 돌리기 위해 변명을 늘어놓으며 힘을 뺄 필요 없다. 아마 그 사람도 그 말을 꺼내기까지 참 많은 시간이 걸렸을 것이다. 갖은 핑계를 대 가며 애써 상황을 모면한다고 할지라도, 그건 잠시 피해 간 것일 뿐 근본적인 해결은 아니다. 해결되지 못한 상황은 언젠가 또다시 반복되고 말 거다. 이렇게 된 거 그저 시간을 주고 잠시라도 그의 일상에서 빠져 줘라.

이별이 두려워 떼를 쓰며 빌어봤자 이미 때는 늦었다. 그나마 남아있던 당신의 가치마저 깎아내리는 행동이다. "너 진짜 후회하지 않겠어?" 이런 말도 넣어 둬라. 현 시간부로 후회는 온전히 그 사람의 몫이다.

이별은 모래를 닮아, 움켜쥐려 할수록 흩어지게 된다. 차라리 손에 힘을 풀고 초연하게 상황을 지켜봐라. 시간을 갖자는 말이 나온 이상, 상대가 마음을 움직이기 전까지 당신이 할 수 있는 일은 없다고 본다. 설령 무언가를 한다고 해도 이별이 두려워 무작정 매달리는 발버둥으로 보일 뿐, 전혀 매력적인 행동이 아니다.

   시간을 달라면 그저 시간을 줘라.
   돌아올 사람은 어떻게든 돌아오는 것처럼,
   떠나갈 사람도 어떻게든 떠난다.

059
변해 버린 마음에
이유를 찾지 마라

진심을 다해 누군가를 사랑해 본 적 있는가? 있다면 그 사람을 왜 사랑했는가. 외모가 마음에 들어서? 성격이 잘 맞아서? 아니면 남다른 배경과 비전 때문에? 어떠한 이유가 되었건 대부분의 사랑은 뚜렷한 이유에서 출발하게 된다.

그러나 연애 초반이 지나고 난 이후에는 어땠는가.
그때도 처음 그 이유만으로 그를 사랑했는가?

아마 아닐 거다. 사랑은 시간이 지날수록 명분을 지우는 힘이 있다. 시간이 지나면 이제는 그 사람에게 끌렸던 그 이유 때문이 아니라, 그저 그 사람이기에 그를 사랑하게 되는 것이다.

슬프지만 마음이 변하는 이유 역시 이와 같다. 그 사람의 어떠한 행동과 조건 때문이 아니라 그저 그 사람이기에 마음이 변해버린 것일 뿐, 다른 이유는 없다. 여기에 대고 어떻게 사랑이 변할 수 있냐며 좌절하지 마라. 사랑하는 마음에 명분이 사라지듯, 변해버린 마음에도 이유는 없는 거다. 그러니 '내가 그러지 않았으면 어땠을까.'라며 스스로를 자책하는 건 무의미한 감정 소모일 뿐이다.

변해버린 마음에서 이유를 찾지 마라.
그저 당신이라 당신을 사랑했던 것처럼,
그저 당신이라 당신이 싫어진 것뿐이다.

우리의 삶 전체를 휴대폰으로 비유했을 때
연애란 그저 우리가 보다 행복한 삶을 살아가기 위해
선택하는 부가서비스일 뿐이다

그러니 이별이 찾아왔다고 너무 슬퍼할 필요 없다

세상에 서비스 기간이 끝났다고
고장나는 휴대폰은 없으니까

060
이별에 다른 이유는 없다

세상에 아름다운 이별, 슬픈 이별, 후회 없는 이별 따위는 없다. 이별은 그냥 이별일 뿐이다. 이별의 이유 또한 그리 다양하지 않다. 그저 상대에게 예전만큼의 가치를 느끼지 못하는 것일 뿐, 그 이상의 의미나 이유는 없다. 혹여 어떠한 이유가 있었다고 해도, 나는 그 이유조차 뛰어넘지 못할 만큼 그에게 그리 가치 있지 않았다. 이 사실은 변하지 않는다.

애석하게도 사랑하기에 헤어진다는 90년대 청춘 드라마에나 나올 법한 변명은 핑계에 불과하다. 그 어떤 이별이건 이유는 같고, 마땅히 감당해야 할 아픔 또한 있는 법이다.

후회하지 않기 위해 최선을 다한다 해도 끝내 후회는 남을 수밖에 없다. 최선을 다했건 다하지 않았건 이별이 찾아왔다면, 그 이유는 더 이상 생각하지 마라. 이별은 그저 이별이다. 그 이상의 의미를 두는 건 '다시 만날 수도 있지 않을까?' 하는 희망 고문이자 미련이다.

061
복수하고 싶다면
동요하지 마라

전 애인에게 받은 상처를 보상받고자 하는 마음을 모르는 건 아니지만, 그렇다고 드라마에나 나올 법한 복수극을 꾸밀 필요는 없다. 복수하고 싶다는 마음 역시 결국 동요하고 있다는 증거니까.

정말 멋지게 복수가 하고 싶다면 상대의 불행을 빌기보다는 차라리 나의 행복을 위해 움직여라. 상처에서 벗어나지 않는 한, 그 어떤 복수를 한다고 해도 지금의 마음은 채워지지 않을 거다.

상처를 주고 떠난 사람에게는 눈물조차 아깝다. 그냥 평생 그렇게 살라고 해라. 당신의 완벽한 복수는 그때 이루어질 것이다.

억울하겠지만, 똑같이 갚아줘야 한다는 마음은 나도 그와 똑같은 사람이라는 걸 인정하는 것밖에 되지 않는다.

한 번 더 본다고
달라지는 거 없다

이별을 결심한 사람들이 가장 많이 하는 변명.
"진짜 딱 한 번만 더 보면 정리될 거 같아요."

헤어지면 남보다 못한 사이라지만, 한때나마 서로를 열렬히 사랑했던 사이인데 전화나 문자보다는 만나서 이별하는 게 가장 이상적인 결말일 것이다.

하지만 동시에, 마지막으로 얼굴을 본다고 해서 달라지는 건 없다. 오히려 마지막이라고 의식할수록 미련만 커질 뿐이다. 애초에 얼굴 한번 본다고 달라질 마음이었다면 두 사람의 사이에는 이별이란 단어가 나오지도 않았다.

이별을 받아들일 준비가 끝났다면 굳이 만나지 마라. 만남 앞에 마지막이라는 말을 붙여 의미를 더하지도 마라. 모든 것은 불필요한 희망 고문이다. 많이 생각해 봤다면 이제는 초연히 놓아줘라.

그 사람은 내가 없이도 잘 살아갈 거다. 나도 그 사람 없이 잘 살아갈 거다. 얼굴 한 번 더 본다고 해서 달라지는 건 아무것도 없다. 괜히 서로를 힘들게 만들지 마라. 어느 한쪽이라도 아직 정리되지 못한 마음이 남아있다면 정중하고 깔끔한 이별은 이루어질 수 없다.

아름답게 헤어질 수는 없어도, 그의 마지막 기억 속에 당신이 나약한 모습으로 남아 있지는 않았으면 좋겠다.

063
이별했다면 먼저 연락하지 마라

재회와 관련된 책과 영상을 찾아보면 모두가 공통적으로 이렇게 말한다.

"재회를 원한다면 먼저 연락하지 마세요."

굉장히 간단해 보이지만, 막상 본인이 더 아쉬운 관계에 있는 상황이라면 결코 쉽지 않다. 떠난 사람의 마음을 하루라도 빨리 붙잡고 싶고, 혹여나 벌써 그가 다른 누군가를 만나는 건 아닌지 불안하기만 한 공백의 시간 동안 연락을 참아야 한다는 건 꽤나 강한 인내와 의지를 필요로 한다.

그런데, 연락하지 않는 것이 재회에 무슨 영향을 주는 것일까?

공백의 시간은 기회의 시간이 되기도 한다. 다만 그 기회란 내가 아닌 상대에게 부여되는 기회를 말한다. 다시 말해 그에게도 나라는 사람이 완전히 빠져나간 시간을 살아볼 수 있도록 기회를 주는 거다. 그동안 당신에 관한 생각이 완화되고, 나아가 미화될 수도 있다. 그것이 우리가 이별 이후 공백기를 가져야 하는 가장 큰 이유다.

진심으로 재회를 원한다면 이별 후에 먼저 움직이지 마라. 상대에게 생각할 시간을 충분히 주고, 나 또한 휴식기를 가지며 느긋하게 내 삶에 집중하는 거다. 마치 아무런 후회도 없다는 듯, 아무런 미련도 없다는 듯.

아쉬웠으면 너가 먼저 연락을 했겠지
나만큼 아프지 않고 후회하지도 않으니까
연락이 없는 거겠지
무슨 큰 의미가 있겠어

064
이미 끝난 사람에게
하소연하지 마라

이별 직후 힘든 심정을 모르는 바 아니지만, 그럼에도 해서는 안 되는 행동이 있다. 바로 전 연인에게 지금의 심정을 하소연하는 일이다.

나랑 다시 시작하자고 떳떳하게 말하는 것도 아니고, 완전한 이별을 위해 마지막으로 선 긋는 것도 아닌, 그저 분풀이 식의 질척거리는 하소연은 그에게도 나에게도 전혀 도움이 되지 않는다. 무작정 그의 집 앞으로 찾아가 울먹거리거나, 술 취해서 늦은 밤에 부재중 전화를 수십 통 남기는 등, 이 모든 행동이 지금 내 힘든 마음을 알아 달라는 귀찮은 하소연이다.

상대는 어떤 마음이 들까? 한 사람의 마음을 이토록 짓밟은 걸 후회하며 진심 어린 반성이라도 할까? 아니다. 그저 당황스럽고 걸리적거리기만 한다. 그는 내게서 떠난 사람이다. 전처럼 다정한 위로를 바랐다면 당신은 잘못 생각한 거다. 따라서 당신은 안에 남은 감정을 그에게 게워 낸 후에도 마냥 후련하진 않을 거다.

일시적인 감정에 속아 괜한 흑역사를 생성하지 않는, 현명한 당신이 되었으면 좋겠다.

065
후폭풍 건너뛰기

이별이 찾아왔다고 모든 사람이 가슴 찢어질 듯 아파하는 건 아니다. 후폭풍도 후폭풍 나름이다.

예를 들어 유독 이별에 큰 타격을 입지 않는 사람이 있다. 어째서 그들은 이별이라는 시련 앞에서도 아무렇지 않은 태도를 보일 수 있는 걸까?

삶이 잘 굴러가고 있기 때문이다.

흔히 영화나 드라마를 봐도, 주인공이 과거의 연인을 붙잡는 장면에서 꼭 빠지지 않고 등장하는 대사가 있다.

"나…… 너랑 헤어지고 많이 힘들었어."

많은 사람이 이별 직후, 나와 이별한 상대가 영원한 후회 속에 평생을 힘겹게 살아갔으면 하는 소망을 품는다. 이별 후유증을 앓는 저 영화 속 주인공처럼 말이다. 하지만 당신만은 그렇게 아파하지 않았으면 좋겠다.

지난 수년간, 수많은 사람의 연애 사연을 읽고 상담해 주며 내가 강조했던 말은 '연애를 잘하고 싶다면 우선 나부터 잘 살아야 한다.'이다.

연애와 별개로 내 삶을 잘 유지하고, 나만의 삶을 위해 투자를 아끼지 않는 사람은 결코 이별의 충격에 크게 흔들리지 않는다. 단지 이별했다는 이유로, 믿었던 그가 날 떠났다는 이유로 방안에 틀어박혀 분노하고 저주를 퍼부어 대는 것도 일주일이면 족하다. 앞으로의 더 나은 연애를 위해서라도 이제부터 당신은 오롯이 당신의 삶을 살아가야 한다.

비록 지금은 지난 시간을 떠올리기만 해도 고통스럽겠지만, 머지않아 이 가슴 아픈 이야기조차 웃으며 이야기할 수 있는 날이 오고야 말 거다.

어제의 당신은 어제에 두고, 오늘의 당신은 그저 오늘을 살아가길 바란다. 그것이 후폭풍에서 빠져나갈 수 있는 유일한 열쇠다.

066 좋은 사람으로 남을 필요 없다

이별을 받아들일 때 가장 고통스러운 것은 그 사람이 내게서 차갑게 돌아섰다는 것이 아니다. 다시 돌아오지도 않을 거면서 괜스레 나를 챙겨줄 때가 가장 고통스럽다.

홀로 남겨질 그가 진심으로 걱정되고 미안하다면 쓸데없이 걱정해 주지 마라. 이별을 받아들이고 있는 쪽에서는 그조차 희망으로 보일 것이다. 그를 도와주고 싶다면, 그가 남은 미련을 털어버릴 수 있도록 최대한 차갑고 모질게 뒤돌아 버려라. 그것이 하루라도 빨리 당신을 잊고 살아갈 수 있게 해 줄 최고의 배려다.

좋은 사람이었다는 기억은 시간이 흘러 미화되는 것일 뿐, 세상에 아름다운 이별은 없다. 이별하는 마당에 좋은 사람으로 남아서 뭐 하겠는가. 애초에 다시 한 번 기회를 줄 마음이 아니라면 괜히 헷갈리게 하지 마라. 마음이 뜨는 건 나쁜 일도 잘못된 일도 아니다. 하지만 나쁜 사람이 되고 싶지 않아서 그의 곁에 남아 이별을 포장하는 행동은, 한때 내가 사랑했고 나를 사랑해 준 사람에 대한 예의가 아니라고 생각한다.

진심으로 그 사람이 잘 지내길 바란다면 차라리 악역이 되어 줘라. 그에게는 그 모습이 곧 이별을 견디게 해 주는 진통제가 되어 줄 거다.

067
당신이 그 사람을
잊지 못하는
2가지 이유

"잊고 싶은데 도저히 잊히지가 않아요."

오랫동안 과거에 묶인 채 전 애인에게서 헤어 나오지 못하는 사람이 있다. 여러 이유가 있을 수 있지만 크게 두 가지로 나눠 보면 이렇다.

① 잊고 싶지 않으면서 잊고 싶다고 거짓말하는 경우

대체적으로 이런 사람은 주변에서 아무리 좋은 말로 타이른다 한들 벗어나지 못한다. 스스로가 아직 이별을 받아들이지 못하는 상태이기에 시간이 조금 더 흐르길 기다리거나, 더욱 깊게 상처받고 벗어나는 방법 외엔 해결책이 없다. 물론 이마저도 시간이 해결해 주겠지만, 하루빨리 현실을 받아들이지 못한다면 상처는 계속 깊어질 것이다.

② 그 사람이 눈앞에 나타나는 경우

이 경우도 참으로 난감한 상황이 아닐 수 없다. 여기저기서 상담받는 것이 무슨 의미가 있으며 책을 읽는 것이 무슨 효과가 있겠는가. 아직 감정이 정리되지도 못한 상황에서 상처의 장본인이 불쑥불쑥 눈앞에 나타나는데.

이별 이후 당분간은 마주치지 않으려고 노력해야 한다. 일부러 피해 다니고 도망 다니는 지금의 모습이 자존심 상하게 느껴질 수도 있겠지만, 아픈 마음이 사그라질 때까지는 어떻게든 그 사람과의 만남을 방지하는 것이 나를 위한 최선의 방어다. 눈에서 멀어지면 아픔도 덜해집니다. 오프라인뿐만 아니라 SNS에서도 그를 차단해서 그의 모든 소식으로부터 한동안 멀어지는 것 역시 꽤나 효과적인 도움이 된다.

잘 가라는 말을 할 충분한 용기가 있다면
삶은 당신에게 새로운 만남을 보상해 줄 것이다
_ 파울로 코엘료

헤어진 사이에 함부로
친구가 되지 마라

"헤어진 사이에 친구가 되는 게 가능한 건가요?"

종종 받게 되는 질문이다. 과거에 연인 관계로 삶을 공유하고 사랑을 나누던 남녀가 친구 사이로 서로를 아무렇지 않게 대하는 게 가능한 걸까? 충분히 가능하다. 안 될 것도 없다.

그러나 그건 정말 오랜 시간이 지나 서로가 서로에게 아무런 감정조차 남아있지 않을 때나 가능한 이야기다. 만약 둘 중 한 사람이라도 아직 마음이 정리되지 못한 채 섣불리 친구가 되어 버린다면, 그 사람이 받게 될 고통은 상상 이상일 거다.

세월에 따른 엄청난 내공이라도 겸비하고 있지 않은 이상, 헤어진 남녀가 친구로 지내는 건 사실 말처럼 쉬운 일이 아니다. 일적으로 엮여 있다거나 어쩔 수 없이 마주쳐야 하는 상황이라도 있지 않은 이상, 두 사람이 딱히 친구가 될 이유는 없다는 걸 잊지 마라.

069
왜 이제서야 연락이 오지?

오래전 헤어진 연인에게 온 연락만큼이나 사람을 심란하게 만드는 것도 없을 거다.

"도대체 그 사람은 무슨 마음으로 저에게 연락을 한 걸까요?"
"혹시 그 시간 동안 계속 저를 생각하고 있었던 건 아닐까요?"

이런 유의 질문을 받을 때마다 늘 난처한 마음이 든다. 물론 여러 상황을 두고 생각해 볼 필요가 있겠지만, 그 사람이 오랜 시간 동안 연락할 타이밍을 재고 있었던 건 아닐 확률이 높다. 그렇게까지 후회하고 있었다면 이렇게나 늦어질 이유가 없기 때문이다. 어느 날 불현듯 생각이 나서 가벼운 마음으로 연락해 왔을 수도 있다.

설령 재회를 바라며 연락해 왔다고 해도, 한번 물이 샌 관계는 또다시 물이 샐 확률이 높다. 마음을 성급히 열어주진 마라.

끝으로, 술김에 옛날 생각이 나서 연락 한번 해 봤다거나, 친구로 지내자는 말로 들이댄다면 과감히 끊어 버려라. 아픈 건 한 번이면 족하다.

070
사랑은 또 다른 사랑으로
잊히는 게 아니다

헤어진다고 죽는 건 아니다. 상처가 크다고 두 번 다시 사랑을 못 하는 것도 아니다. 비록 지금은 아픔에 몸서리쳐도, 언젠가는 반드시 과거의 그 사람보다 훨씬 내 마음을 잘 이해해 주고 사랑해 주는 누군가를 만나 행복하게 살 수 있다.

모두가 그렇게 잊어 갔고, 모두가 그렇게 성장했다.

그러나 지금 당장 그런 사람을 찾을 필요는 없다. 병원에 입원해 본 사람은 알겠지만, 퇴원 시 의사에게 꼭 듣게 되는 말이 있다. "당분간 무리하게 활동하지 마시고……."

이 말은 즉, 아팠던 기간만큼 충분한 회복기를 가지라는 뜻이다. 이별도 마찬가지다. 많이 힘들었다면 힘들었던 기간만큼, 당분간은 나에게 더 집중하고 나만의 시간을 보내는 데에 더 신경을 써야 한다.

충분한 회복기 이후, 이별에서 자유로워졌을 때 새 사랑을 시작해도 늦지 않다. 어쩌면 그때는 실수 없이 누군가를 선택할 수 있는 최적의 시기일 것이다. 그러니 지금 당장 혼자가 힘들다는 이유로 성급히 누군가를 곁에 두지 마라. 전 연애로 잃어버린 나를 찾을 수 있을 만큼의 충분한 공백기를 두고 시작해라.

사랑은 결코 또 다른 사랑으로 잊히지 않는다. 나아지기는커녕 채 아물지도 못한 상처가 맞물려 또 다른 상처를 만들어 낼지도 모른다. 누군가의 부축 없이 스스로 일어섰을 때, 당신은 비로소 새로운 사랑으로 나아갈 수 있다.

지나간 사랑은 시간이 지워 주는 것이지
결코 또 다른 사랑으로 지워 내는 것이 아니다

나를 위한 최소한의 재정비 기간도 없이
성급히 누군가를 내 안에 들이지 말기를

071

**지금 사람에게서
전 애인의 모습을
찾지 마세요**

"예전에 그 사람은 이러지 않았는데……."
"만약 그 사람이었다면 이렇게 말해 줬을 거야."
"왜 이 사람은 그 사람처럼 날 이해해 주지 못하지?"

새로운 누군가를 만나게 되면 이처럼 예상치 못한 변수가 등장할 때가 있다. 전 애인의 잔상이 지금의 애인과 겹쳐 보이거나, 혹은 그 잔상을 토대로 전 애인과 지금 애인을 비교하게 되는 경우도 있다. 전 애인과의 교제가 길었을수록, 새로운 연애 초반에 이전 생각이 드문드문 날 수 있다. 이는 매우 자연스러운 현상이다.

갓 입사한 신입사원에게 수습 기간과 적응기가 있는 것처럼, 새 애인을 받아들이는 과정에도 수습 기간이 필요하다. 아무리 연애 경험이 많고 내공이 탄탄한 사람도 처음 겪는 사람 앞에서는 인턴일 뿐이다. 당신이 이전 연애에서 얼마나 높은 직급으로, 얼마나 오랜 기간을 근속했는지는 이제 중요하지 않다.

새로운 누군가와 나를 맞춰가는 과정은 이 사실을 받아들이는 순간부터 시작된다. 내가 자발적으로 퇴사를 했건 사직을 당했건, 변하지 않을 단 하나의 사실은 내가 그토록 그리워하고 있는 이전 회사는 끝까지 나를 붙잡지 않았다는 것이다. 익숙함에 속아 당신의 가치를 잊어버린 그런 회사, 차라리 잘 때려치웠다.

아직은 어색해도 한곳에 오래 머물러 봤고 누군가에게 진심을 쏟아 본 경험이 있으니까, 이곳에서의 적응도 그리 오래 걸리지 않을 거다. 당신을 놓아 버린 그 사람은 결코 지금 이 사람보다 좋은 사람이 될 수 없다. 그러니 더 이상 그를 떠올리지 말고, 지금의 애인을 받아들여라.

072
한발 늦어서야 보이는 것들

지나간 연애를 회상하면, 그때는 미처 보이지 않았던 문제들이 하나둘씩 보인다.

"내가 그때 왜 그런 말을 했을까."
"이걸 그때 알았더라면 우린 이별하지 않았을 텐데."

어째서 이런 것들은 꼭 시간이 흐른 뒤에야 보이게 되는 걸까. 모든 건 이미 끝나버렸는데. 간혹 누군가의 가슴 아픈 이별 이야기를 듣고 있으면, 연애라는 게 마치 게임 같다는 생각이 든다. 플레이하는 횟수가 많을수록 경험치가 늘고 레벨이 올라가는 RPG 게임.

물론 레벨이 올라가기까지의 과정이 몹시 혹독하고 누군가에게는 오랜 시간 상처가 될지도 모르지만, 성장통일 뿐이다. 이를 극복하면 앞으로는 더욱 성숙한 연애를 할 수 있다.

그러니 어느 날 이별이 찾아왔다고 해서 모든 게 끝났다고 생각하지 마라. 이별 이후 전에 보이지 않았던 문제들이 보이기 시작했다면, 당신은 그만큼의 내공과 경험치가 늘어난 것이다.

한번 넘어진 사람이 다시 안 넘어진다는 보장은 없지만, 전보다 덜 아프게 넘어지는 법은 알게 된다. 힘든 성장통, 잘 지나왔다.

Chapter IV

우선 나부터
행복해져야 합니다

073
당신의 오늘은 안녕하신가요?

안녕: 아무 탈 없이 편안한 상태

"안녕하세요."

처음 보는 사람을 만났을 때.
어른을 마주쳤을 때.
고객을 응접할 때.

하루에도 수십 번씩 하는 인사지만 나는 정작 나 자신에게 안녕을 물어본 일이 없었던 거 같다.

여름이 무르익어 가던 7월의 어느 날, 정말이지 오랜만에 친하게 지냈던 고교 동창의 전화를 받았다. 달뜬 마음에 전화기를 붙들고 그동안 축적되어 있던 친구의 연애 이야기와 직장 생활 에피소드로 수다를 떨어대는데, 생각지도 못했던 친구의 질문 하나가 대뜸 나의 말문을 막아버렸다.

"야 이제 네 얘기나 한번 들어 보자. 넌 요즘 어떻게 살아?"
"나야 뭐…… 글 쓰고…… 일하고 똑같지 뭐 하하."

별로 어렵지도 않은 질문에 말이 막혔다는 사실이 퍽 당황스럽기만 했다.

과연 나는 어떤 요즘을 살아가고 있는 걸까?

혼자 지내며 혼자 일하는 시간이 많아진 요즘, 내 주변 사람들이 내게 생각보다 큰 관심을 갖지 않는다는 사실에 서운함을 느낄 때가 많았는데, 생각해 보니 그리 억울한 일도 아니었던 거 같다. 나조차 나에게 이토록 관심이 없는데 어느 누가 나한테 관심 갖길 바랐던 것일까.

남들에게 안녕이라는 말을 건네는 것처럼 가끔은 나도 나에게 안녕을 물을 줄 아는 여유가 생겼으면 좋겠다.

당신의 오늘 하루는 안녕하셨나요?

내가 나에게 관심이 없다면
다른 이가 가져 주는 관심 따위
모두 오지랖처럼 느껴질 때가 있다

074 극복할 힘조차 상실한 당신에게

인간관계와 연애에 치이는 시기가 길어지다 보면 어느 날 문득 아무것도 하고 싶어지지 않는 상태가 찾아온다. 우리는 그러한 상태를 '슬럼프'라고 부른다.

잠깐 슬프고 화가 나는 수준의 감정 기복 정도라면 어떻게든 버텨 보겠지만, 이미 지칠 대로 지친 상태에서 찾아오는 슬럼프는 무엇을 극복하고자 하는 의지조차 사라지게 만든다. 따라서 그 시기가 찾아온다면 누구라도 그저 힘없이 우울해질 수밖에 없다.

"난 이제 뭘 해야 하는 걸까."

혹시 지금 내 안에서도 이와 같은 질문이 맴돌고 있다면 당신은 절대 그 답을 찾을 수 없다. 왜일까?

어차피 무엇을 하든 열심히 할 수 없을 것이기 때문이다.

슬럼프에 빠져 있다는 이들에게 지금 가장 필요한 대안은 위로를 받는 것이지 결코 해답을 찾는 것이 아니다. 그러므로 슬럼프가 찾아왔다면 마냥 허우적거리기보다는 차라리 어느 광고에 나오는 말처럼 더욱 강렬하게 아무것도 하지 마라. 쓸데없이 무언가를 말하지도 말고, 스마트폰에 눈길을 주지도 말고, 내 안에 소리가 들려올 때까지 그저 멍하니 있어 보아라.

머지않아 꽤 오랫동안 외면하고 살았던 내가 나에게 심심한 위로를 건네올 것이다. 그동안 애썼다고, 충분히 고생했다고. 진정으로 힘이 되는 위로란 타인이 건네는 위로가 아니다. 평생을 바쁘다는 핑계로 자신과 대화를 나눠본 적이 없는 사람은 아마 영원히 슬럼프로부터 자유로울 수 없을 거다.

어느 날 갑자기 삶에 치여 쓰러졌다면 어서 일어나라며 나를 몰아세우고 비난하기 전에 한 번쯤은 가만히 누워 내 안의 나와 대화를 나눠 보아라. 직면할 용기가 없을 뿐, 답은 이미 내 안에 있다.

075 감정은 습관이 된다

우울함이 지속되면 나중에는 우울한 게 가장 편한 상태가 된다고 한다.

반대로 남들 앞에서 항상 웃기만 하는 사람은 정작 힘든 일이 있어도 힘든 감정을 드러내는 것이 어색해서 항상 괜찮은 척 거짓말을 한다고 한다.

감정은 계절을 닮아 더울 때 덥고, 추울 때 추워야 건강한 상태를 유지할 수 있다. 화가 날 때는 화를 내고, 웃을 때는 웃고, 슬플 때는 펑펑 울어보기도 해야 진짜 내가 원하는 것이 무엇인지도 알게 된다. 웃어야 할 때 울고 울어야 할 때 웃는 것은 절대 좋은 습관이 아니다. 나중에는 정말 웃고 우는 법을 잊어버리게 될지도 모른다.

모두가 잘 살 수는 없어도 너무 척하면서 살지는 않았으면 좋겠다. 그래 봐야 누가 알아주는 것도 아니다. 나를 짓누르는 무언가를 내려놓고 싶다면 오늘부터라도 마구 울고 웃으며 조금씩 내 감정에 솔직해져 보아라.

필자의 어머니는 말씀하셨다.
"얘, 내가 살아보니까 체면이 밥 먹여주는 거 아니더라."

어제의 내가 행복했다고
오늘의 나도 행복해야만 하는 법은 없다

'난 어제 행복했으니까 오늘도 행복할 거야!'라는 생각이
어느새 날 '행복 강박증'에 걸리게 했다

하루 정도는 행복하지 않아도 괜찮다

076
열등감 벗어 던지기

　열등감에 사로잡혀 있는 사람일수록 자존심을 방패 삼아 상처를 숨기는 버릇이 있다.

　학력이 낮다는 걸 숨기기 위해.
　재정 상태가 나쁘다는 걸 숨기기 위해.
　부모님의 사이가 좋지 않다는 걸 숨기기 위해.

　있지도 않은 것을 있는 척 일부러 허세를 부리기도 하고, 책임지지도 못할 말을 내뱉어 자신의 가치를 증명하려고 하는 등 자존심을 방패로 쓰는 방법은 여러 가지가 있다. 물론 사람은 저마다 남들에게 들키고 싶지 않은 단점을 한 가지씩은 안고 살아가는 것이 일반적이다. 다만 그 단점에 너무 많은 집착을 하게 되면 열등감과 피해 의식이 생길 수 있다.

　열등감을 벗어 던지기 위한 시작은 지금 당장 자신이 처한 현실을 똑바로 직시하는 것에서부터 출발한다. 더이상 도망치지 말고 숨지도 말고 떳떳하게 나의 모습을 들여다보는 거다. 도망이 습관이 된 사람은 반드시 벽에 부딪히고 만다. 내 안에 열등감이 있다면 그것을 무시하고 외면하려 하기보다는 차라리 열등감을 인정하고 그보다 더 큰 장점을 만들어 부족함을 채워버리면 그만이다.

두려워도 이제는 당당히 눈을 뜨고 자신을 들여다볼 줄 아는 강한 당신이 되길 바란다. 열등감과 자존감의 차이, 그것은 나를 조금 더 객관적으로 바라볼 용기가 있는가에 따라 결정된다.

077
당신은 생각보다 불쌍한 사람이 아니다

내가 나를 대하는 것만큼만 대우받을 것이다.

이 말을 들어본 적이 있는가? 참으로 모든 인간관계의 핵심이 되는 말이라고 생각한다. 결국 나의 최종적인 가치는 내가 나를 어떻게 바라보고 있는가에 따라 결정된다. 간혹 연애 문제를 포함하여 유독 인간관계에 상처가 깊다는 분들과 대화를 나누다 보면 자주 눈에 띄는 공통점이 한 가지 있다.

바로 본인이 본인을 너무 불쌍하게 여긴다는 것.

마치 나는 태어나는 순간부터 세상에 버림받았고, 모든 불행의 씨앗이며 오직 나를 제외한 모든 사람은 전부 행복하게 살 것이라는 착각을 하기도 한다. 안타깝기보다는 오히려 답답하다는 생각이 먼저 드는 마인드가 아닐 수 없다.

미안하지만 세상은 당신에게 빚진 게 없다.

물론 가지고 태어나는 것에 따라 출발 지점의 차이가 나는 건 어쩔 수 없는 일이나, 넘어지고 다치는 게 무섭다는 핑계로 가만히 앉아서, 달리는 사람들을 향해 욕이나 하고 있는 건 엄연한 자기합리화다. 진정으로 나아지고 싶다면 이제 한 가지 사실을 받아들여야 할 때다. 당신은 생각보다 그리 불쌍한 사람이 아니다. 그리 나약한 사람도 아니다. 넘어지고 깨지는 일 역시 용기 있게 뛰어본 사람에게만 허락되는 성장통이다. 달릴 힘이 없다면 부디 앉은 자리에서만이라도 일어나라.

어떠한 일이건 직면하는 순간 생각보다 쉬운 일이 된다. 소수의 몇몇을 제외하면 우리를 앞서 나가는 사람들 모두 실은 우리와 별반 다를 것 없는 똑같은 사람들이다.

꿀릴 거 전혀 없다. 충분히 쉬었다면 이제 조금만 용기를 내 앞으로 걸어보자. 반드시 전과는 다른 재밌는 일들이 펼쳐질 것이다.

위로받는 것도 중독이 된다
진정으로 나아지고 싶다면
이제 불쌍한 척 그만 하자
당신은 생각보다 그리 나약하지 않다

078
힘들다면 우선 밖으로 나와라

혼자 집에 있는 시간이 길어지면 쉽게 무기력한 상태가 찾아오곤 한다.

생각해 보면 나 역시 일에 치이고 인간관계에 부딪힐 때, 방 안에 틀어박혀 혼자만의 회복기를 가졌던 기억이 있다. 물론 그 효과는 전혀 드라마틱하지 않았지만 말이다. 아니 나중에는 오히려 회복하려고 들어갔던 방 안에서 더 깊은 고민으로 고통스러워하는 아이러니한 상황이 벌어졌다. 더는 안 되겠다 싶은 마음에 무작정 택시를 타고 거리로 나섰는데 마침 그곳이 혜화역 대학로였다.

일요일 오후 2시의 혜화역. 수많은 사람 가운데 덩그러니 혼자 뭘 해야 하나 고민하다 당시 대학로에서 꽤나 인기가 있었던 뮤지컬 공연을 관람했다.

한없이 무기력한 나에 비해 무대 위에서 온 힘을 다해 노래

하는 배우들의 모습은 무척이나 아름다웠다. 그렇게 넋을 놓고 무대에 집중하는 2시간이 흐른 뒤 조용히 공연장을 나서는데 덜컥 눈물이 났다. 사실 왜 그랬는지는 지금도 잘 모르겠지만 이상하게 한참을 울고 나니 지금껏 방 안에서는 느낄 수 없었던 희열이 느껴졌다. 그 뒤로 나는 지금도 삶에 치일 때가 되면 혼자 공연장에 찾아가곤 한다. 그곳은 나의 유일한 힐링 장소가 되었다.

혼자만의 시간이 사람을 성장시키는 건 맞지만 그렇다고 방 안에만 틀어박혀 있는 건 아무 도움이 되지 않는다. 우울하고 무기력한 날들이 반복된다면 이제는 당신도 용기를 내 밖으로 나와라. 방 안에만 있다고 해결되는 건 아무것도 없다.

079
도망과 도약의 기로에서

세상은 딱히 나에게 잘 해줄 의무가 없다.
자업자득. 모두 자기가 한 일에 책임을 질 뿐이다.

성공한 사람이 성공한 사람만의 이유가 있듯 실패한 사람도 실패한 사람만의 이유가 있다. 힘든 일이 생기면 가장 먼저 비난의 대상부터 찾는 사람이 있다. 이때 그 대상이 되는 것은 특정 인물일 수도 있고, 그가 속해 있는 집단이 될 수도 있고, 나아가 이 세상 전체가 될 수도 있다. 물론 어떤 대상을 비난함으로써 문제가 해결되는 게 아니라는 것쯤은 본인도 알고 있을 거다. 하지만 그렇게라도 하지 않으면 이 모든 문제의 화살이 전부 내게로 돌아올 것만 같은 불안함에 그는 또다시 비난의 대상을 찾게 된다.

그러나 이런 식의 자기 합리화는 결코 온전한 극복을 가져오지 못한다. 극복은커녕 시간이 지날수록 약효가 떨어져 다음 번엔 더 강하고 더 거센 비난의 대상만을 찾게 될 뿐이다. 때로는 위기가 우리의 삶에 두 가지 결과를 가져온다고 생각한다.

뒤돌아 남에게 책임을 전가하고 벗어나려는 사람에게는 도망을.
두렵지만, 정면으로 마주 서 문제의 실마리를 찾아내는 사람에게는 도약을.

도망을 치건 도약을 하건 결국 모든 건 당신의 선택이겠지만, 끝내 도약하여 강해지는 당신이 되었으면 한다. 세상은 자신에게 비난만 해대는 사람을 도와주고 싶어 하지 않는다.

어른이 되고 나서 느낀 것 하나
힘들 때마다 힘들어 죽겠다는 이야기를 하고 다녔더니
어느새 참으로 귀찮고 피곤한 사람이 되어 있더라
어른과 아이의 차이 그것은
힘듦을 힘들지 않은 표정으로 견뎌 내는 멘탈이다

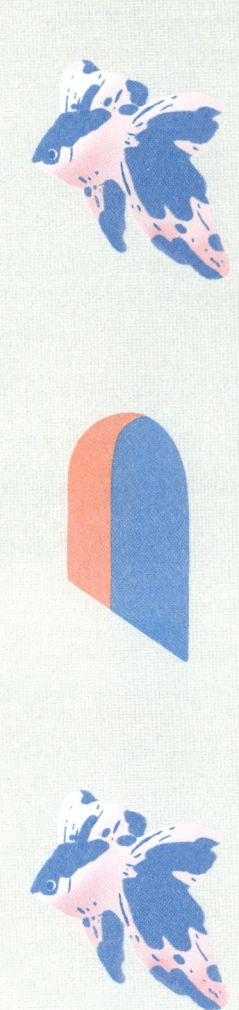

기준이 없으면 비교하게 된다

"그래도 내가 재보다는 잘 살지."

나보다 안 좋은 상황에 있는 사람을 보며 위안 삼는 것은 스스로를 위로하는 가장 서툰 방법이다. 물론 그 방법도 일시적인 진통제로서의 효과는 있지만, 나보다 더 잘났거나 처지가 좋은 사람이 나타나면 조금 전의 위안이 두 배의 박탈감으로 돌아온다는 단점이 있기 때문이다.

누군가로부터 얻어 온 위안은 누군가로 인해 잃어버리게 된다.

결국 비교라는 전제가 들어가는 순간 좋든 싫든 내 손해가 된다는 뜻이다. 나에 대한 평가는 오직 내 기준에 의해서만 이뤄져야 한다. 잘 살고 싶다면 잘 사는 것에 대한 기준이 있어야 하고, 행복해지고 싶다면 행복한 것에 대한 기준이 있어야 한다.

그래야 현재의 내가 얼마나 와 있고 얼마나 더 나아갈지에 대한 정확한 분석이 가능해진다. 사람이 가장 옹졸해지는 순간은 자신에 대한 기준조차 모르고 살아갈 때라고 한다. 내가 원하는 게 무엇인지 모르니 막상 나보다 못난 사람을 보면 비웃게 되고, 잘난 사람을 보면 기죽게 되는 거다.

정작 자신만의 기준에서 잘 가고 있는 사람은 타인에게 별 관심을 두지도 않는데 말이다. 원하는 삶이 있다면 우선 그에 따른 나만의 기준부터 잡아두길 바란다.

기준이 없으면 끝없이 비교하게 된다.

081
남의 말은 적당히 무시해도 된다

자존감을 높이기 위한 가장 현실적인 방법은 자존감이 만들어질 환경에 있는 것이다. 제아무리 자기애가 남다르고 자존감이 높은 사람이라 할지라도 끊임없이 나를 깎아내리는 누군가가 주변에 있다면 머지않아 그의 자존감도 바닥을 드러내고 말 거다.

도움이 되지 않는 조언이라면 남의 말 따위 가볍게 무시해버려도 좋다.

내가 진심으로 걱정돼서 해 준 말이라면 모를까, 무턱대고 쏘아댄 비난에 괜히 심란해지지 마라. 별생각도 없이 던진 말에 나만 생각이 많아진다면 그만한 감정 소모도 없다. 그들은 내 인생을 책임져 주지 않는다.

만약 누군가가 시답잖은 이유로 나라는 사람을 비웃고 조롱한다면, 그 사람을 내 인생에서 치워라. 너무 어렵게 생각하지 마라. 타인의 말에 귀 기울이는 건 매우 바람직한 태도지만 반드시 모두의 말에 귀 기울일 필요는 없다. 나는 그저 묵묵히 나의 삶을 살아가면 된다.

때로는 강하게 때로는 독하게.

자존감이 낮은 사람일수록 자존심을 앞세워
자신의 치부를 감추려 든다

뒤에서 욕하는 사람보다
더 위험한 사람

때로 뒤에서 들려오는 이야기가 나의 마음을 아프게 해도, 마냥 억울해할 필요 없다.

무언가를 잘한다고 해서 모두가 나를 인정해 주는 게 아니듯 개중에는 나를 비웃는 사람도 있고 싫어하는 사람도 있고 시기하는 사람도 있다. 어쩌면 '난 그 누구의 비난도 받지 않겠어.'라는 생각이 더 이기적일 수 있다. 어떻게 항상 좋은 말만 들으며 살 수 있겠는가.

단, 뒷담에도 어디까지나 지켜야 할 선은 있다. 꼭 나에 대한 뒷담이 아니더라도 만에 하나 내 주변에 누군가가 그 선을 넘어 뒷담을 즐기는 게 보인다면 하루빨리 그를 멀리해야 한다. 선을 넘는 뒷담은 바로, 재미를 더하기 위해 있지도 않은 사실을 진짜인 양 덧붙이는 거다.

이는 단순한 뒷담과는 비교도 할 수 없을 만큼 무례하고 위험한 행동이다. 당사자가 없다고 기존에 있는 사실을 부풀리거나 살을 붙이는 것은 결국 자신이 얼마나 치졸하고 믿어선 안 되는 사람인가를 드러내는 꼴밖에 되지 않는다.

누군가를 뒤에서 욕했다고 전부 나쁜 사람이라 단정 지을 수는 없지만, 있지도 않은 사실을 사실인 양 헛소문을 퍼트리는 사람은 결코 곁에 두면 안 되는 나쁜 놈이 맞다.

083
아는 사람은 인맥이 아니다

인맥이란 단순히 아는 사람만 많다는 뜻이 아니다.

휴대폰 목록에 있는 모든 번호를 전부 나의 인맥이라 여기는 건 곤란하다. 막상 힘들고 지칠 때 생각 없이 전화를 걸 수 있는 사람은 몇 되지 않을 테니 말이다.

진짜 인맥이란 아는 사람이 아닌,
도와줄 사람을 뜻하는 말이다.

지금 당장 전화를 걸어 오늘 하루 있었던 일을 시시콜콜 얘기할 수 있는 사람이 한 명이라도 있다면, 부디 의미 없는 인맥 관리에 힘쓰지 말고 전화를 받은 그 사람에게 더 잘해 주길 바란다.

익숙함이란 때론 소중한 것을 성가셔 보이게 만들기도 한다. '인맥 관리' 그것은 곧 소중한 사람들을 소중히 대하는 태도라고 생각한다. 결국 마지막까지 내 옆에 남아줄 사람은 지금 당신의 옆에 있는 그 사람들이다. 나중에 후회하지 말고 있을 때 잘하자.

084

**미움받을 줄 알아야
사랑도 받는다**

유난히 남들에게 화를 못 내는 사람이 있다.

괜히 속에 있는 말을 해서 그 사람에게 미움을 받는 것보다, 차라리 한번 참고 마는 것이 습관이 되어버린 거다. 그러나 화가 났으면 화를 내고, 싫을 때는 싫은 소리를 해야 한다. 안으로만 삭혀버리는 건 결코 현명한 처사가 아니다. 어쩌다 욕을 좀 먹더라도 말할 때는 말을 해야 또다시 화나는 상황이 반복되지 않는다.

화도 너무 안 내다 보면 화내는 법을 잊어버린다.

반대로 유독 남들이 함부로 대하지 못하는 사람들의 공통점은 자기주장이 강하다는 거다. 물론 지나치게 강한 자기주장은 간혹 주변인들의 미움을 사기도 하지만 모두가 그를 미워하는 건 아니다. 오히려 누군가는 그런 강직한 모습에 매력을 느껴 더 큰 믿음을 주기도 한다.

굳이 모두에게 좋은 사람이 되려고 하지 마라.
미움받을 줄 아는 사람이 진짜 사랑도 받을 수 있다.

화를 참는 것이 습관이 된 사람은
인품이 좋아 화를 안 내는 것이 아니라
화내는 법을 잊어버려서 가만히 있는 것인지도 모른다

085
우리 중심적인 사람

자신을 사랑하는 마음이란 삶의 핵심이 되어야 하는 마음가짐이다. 그러나 지나친 자기애는 자칫 상대를 위해 그 무엇 하나 손해 볼 줄 모르는 자기중심적인 사고를 만들어 내기도 한다. 반대로 자기애가 지나치게 없는 사람은 자신이 챙겨야 하는 것들 이외에도 너무나 많은 것을 혼자 짊어지려고 하기에, 그에 따른 부담과 스트레스를 달고 살아야 한다.

지나치게 자신밖에 모르는 태도나 지나치게 주변을 신경 쓰는 태도. 누가 더 잘하는 것이라 말할 수는 없지만, 중간 없는 삶이란 참 피곤해 보인다. 그렇다면 과연 그 중간은 어디쯤일까?

나를 챙기면서도 나만을 챙기지 않고, 남을 챙기면서도 너무 많은 이들을 짊어지려고 하지 않는 이른바 '우리 중심적 태도' 이것이 우리의 가장 합리적인 중간이라고 생각한다.

혼자만을 지키기 위해 하는 행동은 이기심일 수 있으나, 나와 나를 사랑해 주는 사람들을 지키기 위해 하는 행동은 책임감이다. 굳이 나를 사랑하지 않는 사람들까지 짊어지며 그들을 위해 에너지를 낭비할 필요는 없다. 내가 사랑하는 사람만을 지키기에도 우리의 에너지는 너무나 한정되어 있기에, 우리는 끝없이 우리만을 위해 생각하고 우리만을 위해 살아가야 한다.

진정 소중한 것을 지켜내고 싶다면 나와 내가 사랑하는 것들만 챙겨라. 그것만 해도 나는 이미 나의 위치에서 충분한 역할을 해내고 있는 거다.

쓸데없는 인간관계에 고민하는 사람들이 모두, 온전히 나와 내가 사랑하는 사람만을 위해 에너지를 쏟을 줄 아는 '우리 중심적인 사람'이 되었으면 좋겠다.

최선을 다하지 마라 아들!

"최선을 다하지 마라 아들!"
근래 들어 조금씩 일이 바빠진 시점부터 아버지께 자주 듣는 말이다.

"너무 최선을 다하지 마라."
"왜 그렇게 열심히 하고 그러냐."

사실 처음엔 선뜻 이해되지 않는 말이었다.
"왜 아버지는 항상 내게 최선을 다하지 말라고 하시는 걸까?"
"기왕에 한번 시작하는 거 최선을 다해 죽기 살기로 부딪쳐 봐야지!"

최선을 다하지 말라는 아버지의 말이 이해되는 데까지는 오랜 시간이 걸리지 않았다. 어느 날 예기치도 못한 슬럼프에 빠져버린 것이다. 열정을 쏟은 만큼 스스로에게 너무 많은 기대치를 올려놓았고, 언제부턴가 그 기대에 조금만 미치지 못해도 필요 이상으로 신경이 날카로워지다가 나중에는 '내가 왜 이 일을 시작했지.'라는 자괴감마저 밀려오기 시작했다.

남들보다 돈은 못 벌어도 남들보다 행복해질 자신은 있다며 큰소리쳤던 나의 선택이 결국 나를 불행하게 만든 것이다. 끝없이 피곤하고 끝없이 지루하고 끝없이 짜증나기만 한 우울한 날들이 한동안 반복되었다.

아마 아버지가 입버릇처럼 말씀하시던, 최선을 다하지 말라는 말의 진짜 의미는

"지금도 충분히 잘하고 있으니 너무 너를 괴롭히지 마라, 아들."

이었을 거다. 이 말이 하고 싶으셨던 거 같다.

열심히도 좋지만 지나친 열정은 간혹 자신조차 삼켜 버릴 때가 있다. 무언가를 향해 나아가기를 멈추지 않는다면 지금의 당신은 충분히 잘 해내고 있는 거다. 본인을 너무 괴롭히지 마라. 가끔은 낮잠도 괜찮고 농땡이도 좋다. 멀리 가려고 너무 자신을 잡고 사는 건 능사가 아닌 듯하다.

087
너무 일찍 어른이 된 아이

내가 청소년기를 지나며 가장 많이 들었던 칭찬은 '어른스럽다'였다.

"너는 어쩜 이리 어른스럽니."
"벌써 다 컸네. 엄마가 얼마나 든든하실까."

사실 어른스럽다는 말의 진짜 기준이 무엇인지는 어른이 된 지금도 잘 모르겠지만, 내 기억 속에 있는 어른들은 무엇이든 잘 참아내는 아이를 보면 저런 식으로 칭찬을 하곤 했다. 아파도 아픈 곳을 말하지 않고 슬퍼도 슬프다며 울지 않는 아이. 그게 내 어린 시절 모습이었다. 그게 착한 아이이고 그게 성숙한 사람이고 그게 어른스러운 것이라 배웠으니 진짜 어른이 되기 위해서는 더 많이 참아야 한다고 생각했다.

"무조건 참는 게 이기는 거야!"

그렇게 저 말 하나를 마치 신념처럼 여기며 살았건만 진짜 어른이 되어버린 어느 날, 그런 내 신념을 송두리째 바꿔버린 사건을 만나고 말았다.

직장 생활을 시작한 지 얼마 되지 않아 큰 슬럼프에 빠진 적이 있었다. 평소에 얼마나 안색이 안 좋아 보였던지, 친하게 지내던 동네 친구 몇 명이 특별히 나를 위한 자리를 마련해 주었다. 해가 떨어지도록 잘 마시지도 못하는 술까지 마셔가며 처음으로 내 안에 있는 이야기를 털어놓기 위해 어렵게 입을 열었다.

그런데 놀랍게도 내 입에서 나온 말은 '힘들다'가 아닌 '재밌다'였고, '슬프다'가 아닌 '기쁘다'였다. 너무 오랫동안 참고 숨기는 것이 습관이 된 까닭인지 이제는 힘들다고 말하는 법조차 잊어버린 거다.

힘들다고 하면 철이 없어 보일까 봐.
철이 없으면 성숙한 게 아니니까.
성숙하지 못하면 어른이 아니니까.

그날 이후 나는 담아 두는 습관을 버리기로 했다. 조금은 어른스럽지 않아도 좋고 성숙하지 않아도 좋으니, 힘들 때는 실컷 힘들어하고 아플 때는 실컷 아파할 참이다. 척한다고 다 어른이 되는 게 아니었나 보다.

무사태평하게 보이는 사람들도
마음 속 깊은 곳을 두드려 보면
어딘가 슬픈 소리가 난다

_나쓰메 소세키

가끔은 힘내라는 말이
힘을 빼놓기도 한다

힘들다고 찾아온 사람에게 힘내라는 말만큼 힘 빠지는 말도 없다.

진심으로 위로하고 싶은 친구가 있다면 용기를 주려고 응원하기보다는, 그저 그가 힘들었다는 걸 알아주기만 해라. 자신의 처지를 알아주는 사람이 있다는 것 하나만으로도 그는 다시 일어설 힘을 얻는다. 고민 상담을 하다 보면 의외로 정말 답을 몰라 고민하는 사람은 많지 않다는 걸 느끼게 된다. 답은 이미 알고 있지만 아직 직면할 용기가 없거나 혹은 이만큼 힘든 자신을 알아주길 바라는 마음에서 고민을 털어놓는 사람들이 더 많다.

때로는 뜨거운 응원보다 은은한 공감이 사람을 울릴 때가 있다. 힘들어 죽겠다는 사람에게 억지로 힘을 내라 부추기지 마라. 설령 그 죽겠다는 사람이 자기 자신일지라도, 함부로 대해서는 안 된다. 부추겨 일어설 힘이 있었다면 애초에 주저앉지도 않았을 테니까.

089 딱히 목표 없이 살아도 괜찮은 이유

꿈과 목표가 없다는 사실이 우리 삶에 큰 리스크를 주지는 않는다. 단, 하고 싶은 일이 없다고 아무것도 하지 않으면 이는 생각보다 큰 리스크가 된다.

"뚜렷한 목표가 없으면 한 우물을 팔 수가 없단다."

학창 시절 딱히 하고 싶은 일이 없다는 내 말에 선생님께서 해 주셨던 조언이다. 선생님께는 참으로 죄송한 말이지만 왜 꼭 한 우물을 파야 한다는 건지 지금도 의문이다. 굳이 목 좋은 장소를 골라 한 우물만을 파내는 정석적인 자아실현 방식이 꼭 정답은 아니라고 생각한다. 우물은 아무 땅에서나 팔 수 있고, 파다 보면 내 우물이 또 다른 우물과 연결되어 있다는 사실도 알 수 있다. 그러니 막연하게 목 좋은 장소를 몰라 망설이며 시간을 보낼 바엔 차라리 지금 당장 삽을 들고 아무 땅이나 파보는 게 낫다.

계획이 떠오르지 않을 때 계획을 만들어 내는 최고의 방법은 일단 저질러 놓고 보는 것이다.

이 글을 쓰고 있는 필자 역시 그렇게 일을 발견했다. 무작정 카메라를 켜 내가 할 수 있는 말들을 하기 시작했고, 그것이 연애 콘텐츠라는 나만의 우물을 찾게 해 준 것이다. 그리고 지금은 또다시 그 우물을 지나 작가라는 새로운 우물도 찾아가는 중이다. 모두 처음부터 계획한 일이 아니었다.

방법을 몰라서, 막연해 보여서, 준비가 안 돼서라는 핑계는 이제 그만 넣어두고 조금만 움직여 보자. 길은 어떤 식으로든 열리게 되어 있으니.

지루한 일상에서

행복감을 느끼는 가장 빠른 방법

내가 좋아하는 것에 용감하게 돈 써 보기

진정으로 변하고 싶다면 성과를 보아라

무슨 일을 해도 기운이 빠지고 사는 것조차 지루하다고 느껴지는 인생의 권태를 마주하는 시기에 우리는 종종 변화를 꿈꾸게 된다.

그런데 당장 뭘 변화시켜야 하는 걸까? 수많은 책이 말하는 것처럼 정말 아무 조건 없이 나 자신을 있는 그대로 사랑해 주면 내 삶이 변할 수 있는 걸까?

당연히 변할 수 있다. 백 번이고 변할 수 있다. 그러나 아무 조건 없이 나 자신을 사랑한다는 게 말처럼 쉬운 일이 아니다. 잠시 나를 위로하고 감싸주는 일 정도라면 모를까 무조건적인 자기애란 선천적으로 타고난 긍정적 에너지라도 가지고 있지 않는 이상 함부로 따라 할 수 있는 영역이 아니라는 생각이다.

하지만 아직 포기하기는 이르다.

아무 이유 없이 자신을 사랑하는 일이 어렵다면 이제라도 자신을 사랑할 명분을 만들어 내면 되는 거다.

미뤄 두었던 일에 도전해 보고, 도전했다면 작더라도 좋으니 반드시 성과를 내 봐라. 그 성과가 크건 작건 그런 건 중요하지 않다. 성과라고 해서 마냥 성공만을 의미하는 것도 아니다. 다만 절대 도중에 포기하는 일은 없어야 한다. 잘 되건 망하건 시작을 했다면 끝까지 밀고 나가는 연습을 해라. 그래야 실패를 하더라도 그 자체로 훌륭한 경험을 얻을 수 있다.

성취감의 씨앗이 자라 변화의 꽃이 피어난다고 한다. 조금은 느리더라도, 조금은 어설프더라도 상관없다. 포기하지만 않는다면 아직 기회는 얼마든지 있다.

091
실패가 주고 간 선물

66일 동안 똑같은 일을 반복하면 습관이 된다는 기사를 읽은 적이 있다. 그리하여 처음 시작한 일이 운동이었다. 매일 아침 1시간씩 일찍 일어나 출근 전까지 조깅하는 것이 그 해의 목표였다. 그러나 여태껏 게으르게 살아왔던 몸에 습관은 쉽게 잘 배어 주지 않았고 결국 2주를 못 넘겨 계획은 실패하고 말았다.

그렇게 실패의 쓴맛을 본 후 또다시 도전한 나의 두 번째 목표는 영어 공부였다. 매일 밤 잠들기 전 1시간씩, 원어로만 쓰인 책을 독해하는 나름의 야심 찬 계획이었다. 하지만 이 역시 일주일을 채 넘기지 못하고 슬슬 책장에 꽂혀있는 다른 시리즈 소설에 눈이 가더니, 나중에는 그저 소설책이나 들여다보며 하루를 끝마치는 것으로 실패하고 말았다.

"나는 정말 의지력도 없다."

그렇게 스스로를 자책하며 올해도 아무런 발전 없는 한 해를 보내리라 좌절하던 찰나 뜻밖에 다른 변화가 찾아오기 시작했다. 비록 아침마다 운동하는 일에는 실패했지만 운동에 도전했던 그 2주 덕에 매일 1시간씩 일찍 일어나는 습관을 얻었고, 영어 독해 실력은 늘지 않았지만 매일 밤 잠들기 전까지 책을 읽는 습관이 생긴 것이다.

목표했던 바는 이루지 못했어도 도전했다는 사실 하나로 삶은 우리에게 또 다른 선물을 챙겨준다는 사실을 알게 되었다.

092
내일 할 수 있는 일이라면
오늘도 할 수 있다

오늘을 바꿀 수 있는 사람이 삶을 바꾼다는 말이 있다. 게으른 사람들의 본질을 그대로 꿰뚫는 정확한 표현이다. 유독 발전이 없는 사람들의 일상을 들여다보면, 오늘조차 바꿀 의지가 없다는 공통점을 모두 가지고 있으니까.

피곤하다는 이유로, 기운이 없다는 이유로, 머리가 아프다는 이유로 오늘의 일을 습관처럼 내일로 떠밀어 버리는 사람들이 있다. 그런데 여기서 재미있는 사실이 있다. 떠미는 게 습관이 된 사람들은 내일도 그 일을 미루고 있다는 것이다.

내일 할 수 있는 일이라면 마땅히 오늘도 할 수 있어야 한다.

의지가 없어 끝까지 해낼 자신이 없다면, 일단 시작이라도 해놓는 걸 추천한다. 시작을 해놓고 다시 하는 것과 아예 손도 안 대 놓은 상태에서 처음부터 시작하는 것은 확연하게 큰 차이가 있다.

계속해서 게으름 피우는 습관을 한순간에 송두리째 뽑아버릴 수는 없어도, 이렇게 천천히 다잡아 갈 수는 있다. 발전하고 싶다면 한 달 뒤에 무엇을 해야 할지, 1년 뒤에 무엇을 해야 할지는 별로 중요하지 않다. 그러한 계획들은 지금 당장 해야 할 일을 할 줄 아는 사람이라면 일부러 생각하지 않아도 저절로 세워지는 경우가 더 많다고 한다.

그러니 오늘의 일은 오늘을 살아가는 당신이 직접 해결하길 바란다. 내일의 나에게 맡겨봐야 어차피 그 일을 맞닥뜨리게 되는 건 다시 오늘의 나다.

093 두려워하면서 시작하라

새로운 일을 시작하는 사람에게 가장 걸림돌이 되는 것은 '내가 이 일을 제대로 할 수 있을까?' 하는 불확실함이다. 실수하고 싶지 않은 마음을 모르는 건 아니지만 너무 오래 이런 걱정에 사로잡혀 있으면 정작 중요한 걸 못 하게 될지도 모른다. 원하는 것을 이뤄 가는 과정 중 우리가 가장 중요하게 여겨야 할 것은 첫발을 떼는 것이지 결코 실수를 면하거나 능률을 높이는 것이 아니다.

예를 들어 유튜버가 되기로 결심한 사람이 있다. 그럼 지금 당장 이 사람이 해야 하는 일은 무엇일까? 좋은 장비를 구하기 위해 발품을 팔고 영상 편집을 전문적으로 도와줄 사람을 찾는 일? 아니다. 먼저 하나라도 영상을 올려보는 거다. 아무도 보는 사람이 없어도 구독자가 늘지 않아도 일단은 내 힘으로 채널을 만들고 영상도 올려보는 도전을 해야 그 뒤에 나의 색깔과 느낌이 생겨난다. 장비나 편집은 그 뒤에 생각해도 늦지 않다. 시작하기도 전부터 뒷일을 걱정해서 주저한다면, 아무런 일도 일어나지 않는다.

준비가 덜 되었다는 핑계로 시작을 망설이지 마라.
시작이 두렵다면, 두려워하면서 시작하면 되는 거다.

행복에 불안해지지 마라

사람은 고민하는 만큼 성장한다고 한다. 하지만 세상의 모든 고민이 전부 성장을 돕는 영양소를 지니고 있지는 않다. 개중에는 참으로 쓸모없는 고민 또한 존재하는 법이다.

그 쓸모없는 고민 중 가장 불필요한 고민을 꼽으라면 단연 행복하기에 불안하다는 고민일 것이다. 왜 우리는 행복을 꿈꾸면서도 막상 행복이 찾아오면 그것을 당연하게 여기지 못하는 걸까? 여러 가지 이유가 있겠지만 아마 가장 큰 이유는, 언젠간 이 행복이 끝나게 되는 게 두렵다는 것일 거다.

물론 행복이 찾아왔다고 마냥 행복에만 취해 아무런 준비도 없이 나태하게 사는 것은 썩 올바른 태도가 아니다. 하지만 끝이 두려워 찾아온 행복을 외면해 버리는 것도 결코 현명한 행동은 아니다. 노력했다면 적당히 즐길 줄도 아는 것이 보다 오래 행복감을 유지하는 비결이라고 생각한다.

행운도 자신을 환대해 주는 친구 집에 더 자주 놀러 간다는 서양의 속담이 있다.

자신에게 지나치게 엄해지지 마라. 돈도 써본 사람만이 돈에 대한 가치를 알 듯, 행복도 충분히 즐겨 본 사람만이 행복의 가치를 알게 된다. 좋은 일이 생겼다면 일단 고민하지 말고 마음껏 기뻐하며 마음껏 즐거워하시길 바란다.

책을 마치며

나는 더 아파보기로 했다

"마음이 아프다는 건 진심이었기 때문입니다."

얼마 전 좋아하는 강사님의 강연에서 들은 말입니다. 강연 시작 머리말에 하셨던 멘트인데, 놀랍게도 그 말을 듣고 나서부터는 강연의 내용이 귀에 들어오지도 않을 만큼 충격을 받았습니다. 아픔이라고 하면 늘 이겨내고, 견뎌내고, 극복해야 한다고 믿으며 살아온 제게 저 말은 여간 큰 충격이 아닐 수 없었습니다.

생각해 보면 그동안 아픈 연애와 인간관계 속에 힘들어하는 사람들의 이야기를 들어줄 때마다, 또 매번 새로운 주제로 구독자들과 소통할 영상을 찍을 때마다 알게 모르게 마음이 지치고 아플 때가 많았는데 그 모든 과정이 내가 진심을 쏟아 그런 것이었다고 생각하니 오히려 잘하고 있다는 생각이 들었습니다.

그래서 저는 당분간 더 많이 아파 보기로 했습니다.

앞으로 어떤 상처를 받더라도 어떤 후회를 하더라도 내가 사랑하는 사람과 나를 사랑해 주는 사람들을 위해 마음껏 진심을 쏟아부을 생각입니다. 아픔 따위 두려워지지 않을 때까지.

지금 이 책을 읽고 있는 당신도 가슴 절절한 사랑과 이별에 마음이 아팠다면 그건 그만큼 사랑에 진심을 다했다는 뜻일 겁니다. 부디 숨기지 말고, 감추지 말고, 당당하게 아픔을 드러내는 당신이 되셨으면 합니다. 지나가는 아픔 따위에 지레 겁을 먹고 움츠러드는 우리가 되지 않기를 바랍니다.

끝으로 '석구리TV'라는 콘텐츠를 책으로서 세상 밖에 꺼내주신 주식회사 부크럼 식구들과 원고를 쓰는 내내 곁에서 너무나 큰 도움을 주셨던 열정 가득하신 정해나 편집장님을 비롯해 어딜 가나 항상 나의 편이 되어주는 내 친구 김권우, 세상에서 가장 든든한 조력자 박호진, 아무 힘도 없던 내게 너무나 많은 힘이 되어주었던 다은이와 '석구리TV'를 사랑해주시는 유튜브 구독자 여러분께 진심 어린 감사를 표합니다.

그럼 오늘도 아프지 말고 삽시다.

아픈 사랑의 이유를 너에게서 찾지 마라

1판 1쇄 발행 2022년 03월 02일
1판 4쇄 발행 2023년 09월 09일

지 은 이 강석빈

발 행 인 정영욱
기획편집 정해나 라윤형
디 자 인 차유진

펴낸곳 (주)부크럼
전 화 070-5138-9971~3 (도서기획제작팀)
홈페이지 www.bookrum.co.kr
이메일 editor@bookrum.co.kr
인스타그램 @bookrum.official
블로그 blog.naver.com/s2mfairy
포스트 post.naver.com/s2mfairy

ⓒ 강석빈, 2022
ISBN 979-11-6214-390-2 (03800)

- 파본은 구입하신 서점에서 교환해드립니다.
- 이 책은 주식회사 부크럼과 저작권자와의 계약에 따라 발행한 것이므로 본사의 서면 허락 없이는 어떠한 형태나 수단으로도 이 책의 내용을 이용하지 못합니다.
- 오탈자 및 잘못 표기된 부분은 위 이메일 주소로 보내주시면 감사하겠습니다.